W0344150

DIE NEUEN mare-KALENDER 2024

52 Seiten Kultur

mare-Kulturkalender 2024
Wochenkalender, 56 Blätter
Format 24 × 32 cm
24 € [D/A]
ISBN 978-3-86648-714-7

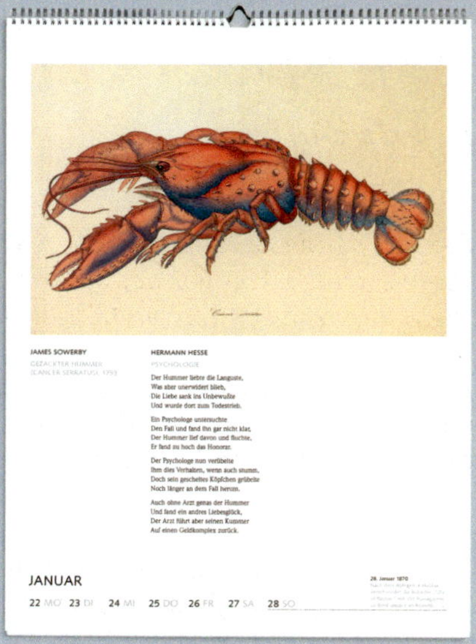

Jeden Monat einen Blick aufs Meer

mare-Meeresblicke 2024
Monatskalender, 12 Fotografien
Format 82 × 58 cm
49 € [D/A]
ISBN 978-3-86648-715-4

mare
Die Zeitschrift der Meere

Hausnachrichten No. 108
Oktober/November 2023

Exklusiv für mare-Abonnentinnen und -Abonnenten

Auf der Insel: del Vecchio

Enttäuschte Augen

Nisida ist eine kleine und unzugängliche Insel im Golf von Neapel. Hier liegt eines der 17 Jugendgefängnisse in Italien und das einzige, in dem junge Häftlinge im Meer schwimmen können. Das moderne Rehabilitationskonzept der Justizvollzugsanstalt bietet viel Raum für Aktivität in der üppigen Natur der Insel, die den jungen Gefangenen kleine, aber wichtige Momente der Freiheit schenken, um die kathartische Funktion der Natur zu nutzen.

Ich habe die Anstalt und die Insassen über etwa zwei Jahre lang besucht, um die Insel besser zu verstehen und vor allem die jungen Menschen besser kennenzulernen.

Kann ein so besonderer und schöner Ort den Frust der Jungen lindern, die die intensivsten Jahre ihres Lebens im Gefängnis verbringen? Welche Gefühle empfinden sie? Im Lauf der Zeit habe ich zwar erkannt, dass ich das nie vollständig herausfinden werde, doch zwei Eigenschaften begegneten mir häufig: die extreme Klarheit und das Bedürfnis nach Zärtlichkeit.

Man könnte meinen, dass Jungen, die keine Schule besuchen und aus komplizierten sozialen Verhältnissen kommen, sich ihrer Situation und ihrer Probleme nicht bewusst sind: Das ist nicht der Fall. Ich habe immer noch die Worte eines Jungen im Ohr, der kurz vor der Entlassung stand und erklärte, dass sein größtes Problem das Umfeld sei, in das er nach seinem Aufenthalt in Nisida zurückkehren und das früher oder später unweigerlich zu einem weiteren Fehler führen würde.

So wie ich mich immer noch an die enttäuschten Augen eines der Jungen erinnere, die ich am meisten mochte, als ich ihn scherzhaft „Verbrecher“ nannte.

Yarin Trotta del Vecchio,
„In unserer Familie gibt es keine Verräter“, Seite 12

Qualle, wo bist du?

Bei ihrer Recherche zur Reportage über Quallen waren der Münchner Autor Fabian von Poser und der italienische Fotograf Karl Mancini nicht nur in ganz Thailand unterwegs und legten Tausende Kilometer mit dem Auto zurück, um Fischer, Zwischenhändler, Exporteure und Wissenschaftler zu treffen. Auch Spontaneität war gefragt. Mehrere Tage begleiteten sie die Quallenhändlerin Wanlee Muensawat bei ihrer Arbeit. Eines Morgens wollten sie die 68-Jährige treffen, um mit ihr zu den Fischern von Trat an der Grenze zu Kambodscha zu fahren.

Als die beiden am vereinbarten Treffpunkt in Bangkok ankamen, eröffnete Muensawat ihnen, dass es in Trat derzeit gar keine Quallen gebe, sie stattdessen nach Songkhla, ganz im Süden Thailands, fahren müssten – statt fünf waren sie am Ende 13 Stunden mit dem Auto unterwegs.

Zum Glück lief alles gut – von Poser und Mancini trafen die Fischer und auch die Zwischenhändler. Was beide daraus lernten: Quallen sind in Thailand zwar in aller Munde, aber nicht immer überall zu finden. Denn der Fang ist stark vom Wetter und von den Strömungen abhängig. Oft tauchen irgendwo Tausende Tiere auf, am nächsten Tag sind sie schon wieder in den Tiefen des Meeres verschwunden.

Eine weitere Erkenntnis der Reise: Quallen kommen zwar auf Thailands Märkten und in vielen Restaurants des Landes auf den Teller. In Europa dürfte es trotz aller Vorzüge in Sachen Gesundheit und Nachhaltigkeit aber noch eine Weile dauern, bis sie ihren Weg in Restaurants oder Supermarktregale finden. Weniger aufgrund der bürokratischen Hürden der EU als wegen der wichtigsten Sache überhaupt: „Konsistenz und Geschmack sind möglicherweise nicht jedermanns Sache“, waren sich von Poser und Mancini einig.

Aus der Redaktion,
„Zukunft mit Biss“, Seite 58

Vulkanische Grüsse

Eine Erinnerung an einen Segelurlaub in Dänemark: Ich bin fünf oder sechs Jahre alt, trage meinen Badeanzug und darüber: eine brandneue leuchtend orange Schwimmweste, damals obligatorisch für mich beim Segeln und wenn ich ohne Eltern im Hafen unterwegs war, um mit anderen Kindern zu keschern. Jetzt aber ankern wir draußen auf der spiegelglatten Ostsee, mein Vater

Furchtlose Froschfrau: Tyburski

will die neue Schwimmweste testen. Er zählt bis drei und wirft mich über Bord. Ich tauche ein und schwimme gleich darauf wie ein Korken an der Oberfläche. Die Erinnerung ist noch gut 40 Jahre später abgespeichert, als ich mich an den Rand eines Hafenbeckens stelle, um, diesmal freiwillig, ins Wasser zu springen, gekleidet in eine moderne Version des Kautschukanzugs von C. S. Merriman, den Paul Boyton berühmt machte.

Nachdem ich diese Geschichte über den „furchtlosen Froschmann" geschrieben hatte, wollte ich wissen, wie es ist, sich in einem Rettungsanzug ins Wasser zu stürzen, so wie Boyton damals in den Atlantik. Die Firma Nautilus GmbH hat mir mehrere Modelle von Helly Hansen ausgeliehen, die sonst Monteure auf Offshorewindanlagen tragen oder Hubschrauberpiloten, die diese dort hinbringen. Für einige dieser Anzüge ist zusätzlich eine Schwimmweste vorgeschrieben, andere haben ihren Auftrieb durch ein spezielles Innenfutter oder eine Art von Neopren.

Kaum bin ich im Wasser, bläst sich die automatische Rettungsweste auf. Ich versuche, mich in Brustschwimmposition zu bringen, aber die Weste dreht mich zurück auf den Rücken – das gibt die sogenannte Ohnmachtsicherheit, und im Notfall soll man ja zudem auch Energie sparen. Und tatsächlich bleibe ich komplett trocken. Besonderen Eindruck macht auf mich ein teflonbeschichteter Anzug für Fischer, der mehrere Kilogramm wiegt und zusätzlich ein Sprayhood hat, eine Kapuze mit Sichtfenster, die etwa bis zum Schlüsselbein reicht. Ich sehe aus, als würde ich mich auf eine Mondmission vorbereiten. Passend dazu: der Drei-Finger-Handschuh, der an den Vulkanischen Gruß aus „Star Trek" erinnert. Durch die Form soll er möglichst viel Wärme speichern wie ein Fäustling, aber mehr Feinmotorik zulassen – etwa, um eine Rettungsleine einzuhaken. Eine Insta-Story kann man damit nicht posten. Swimfluencer Paul Boyton hätte das zweifellos versucht.

Silvia Tyburski,
„Der Schwimmfluencer", Seite 44

Etwas tun!

Als ich im vergangenen Jahr an Bord der „Nadir" gegangen bin, war das dem Wunsch geschuldet, etwas zu tun. Durch den russischen Krieg gegen die Ukraine geriet die tödliche Fluchtroute nach Europa über das Mittelmeer aus dem Fokus der Weltöffentlichkeit. Was konnte ich tun? Spenden, ja. Aber das reichte mir nicht. Ich wollte zeigen, was ist, um zu verstehen und um zu belegen, was passiert. Ich habe dann die NGO Resqship als Crewmitglied und Fotografin auf dem Seebeobachtungsschiff „Nadir" begleitet. An Bord waren ein Arzt, ein Rettungssanitäter, unser Skipper, ein Co-Skipper, ein dritter Navigator, eine Kommunikatorin und ich als Dokumentarin. Vor dem Einsatz wurden wir von Seelsorgern begleitet, die uns für Situationen zu wappnen suchten, in denen wir Verletzten, Sterbenden und Toten begegneten. Zum Glück gab es keine Leichen, doch war diese Vorbereitung sehr wichtig. Drei Wochen mit wenig Schlaf und auf engstem Raum mit sechs Menschen, die sich zuvor nicht kannten, und angespannte Situationen lagen vor uns.

Schon während meiner ersten Nachtschicht kam es zu dramatischen Situationen. Ein kleines, überfülltes Holzboot war in Seenot geraten. An Bord eine syrische Familie mit einer hochschwangeren Frau und drei weiteren Kleinkindern. Wie groß muss die Not sein, um hochschwanger und mit kleinen Kindern die Flucht über das Meer in einer Nussschale zu wagen? Die Erleichterung in den Gesichtern der Menschen, als wir sie bei hohen Wellen längsseits gesichert hatten, werde ich ebenso wenig vergessen wie meine Fassungslosigkeit in dem Moment, als die für diesen Seenotfall zuständige maltesische Küstenwache einfach das Gespräch beendete und nicht mehr erreichbar war. Zu Hilfe kam dann die italienische Küstenwache.

In insgesamt sieben Einsätzen haben wir 292 Menschen in Sicherheit bringen können. Viele aber haben es nicht geschafft. Meine Gedanken sind bei jenen, die bei ihrem Versuch, Europa zu erreichen, ums Leben gekommen sind oder gewaltvoll nach Libyen oder Tunesien zurückverschleppt wurden. Solange Europa seine tödliche und rassistische Politik der Abschottung weiterführt, wird das Mittelmeer ein Massengrab bleiben.

Heike Ollertz,
„Fahr mal langsam, ich hör was",
Seite 32

Mit zwei Geretteten: Ollertz

Liebe Leserin,

lieber Leser,

manchmal müssen wir schnell und flexibel handeln. Ursprünglich planten wir für diese Ausgabe eine Reportage, die sich aber, wie erst kurz vor Redaktionsschluss klar wurde, nicht realisieren ließ. Doch Not macht nicht nur erfinderisch, sie ist manchmal auch verantwortlich für etwas Neues, bis dahin noch nicht Gedachtes.

In einer aufregenden und aufgeregten Redaktionssitzung entstand so die Idee für eine Reportage über die Quallenindustrie in Thailand, und nicht nur konnten wir Autor und Fotograf spontan dafür begeistern und klappte alle Logistik auf Anhieb, sondern auch die Reportage an sich begeisterte uns am Ende mehr als die ursprünglich geplante.

Und manchmal müssen wir beharrlich sein. Die Reportage über die jungen Camorristi in einem Inselgefängnis bei Neapel barg die erwartbaren Probleme bei der fotografischen Umsetzung. Der journalistische Zugang zu solchen Institutionen ist nie einfach und erst recht nicht, wenn man die Jugendlichen in der Strafanstalt fotografieren möchte. Mit den ersten Ergebnissen wollten wir und der mare-Fotograf Yarin Trotta del Vecchio uns nicht zufriedengeben. Zum Glück jedoch erhielt del Vecchio über zwei Jahre hinweg mehrmals Zutritt zur Insel Nisida, und zu guter Letzt können wir Ihnen einen abgerundeten Eindruck präsentieren.

All dies benötigt Zeit, Geduld und auch Mittel. mare ist eine der nur noch wenigen Zeitschriften, die sich nicht scheuen, aufwendige Reportagen zu planen und umzusetzen. Das finanzielle Rückgrat hierfür sind unsere treuen Abonnentinnen und Abonnenten. Und um diese werben wir wieder – zum ersten Mal seit 2008 – mit Testimonials prominenter Leserinnen und Leser. Mithilfe des bekannten Porträtfotografen Mathias Bothor entstand eine Kampagne, die in diesen Wochen ihren Anfang nimmt, auch in dieser Ausgabe. Schauspielerinnen wie Iris Berben und Katja Riemann, der Klimaforscher Mojib Latif, der Pianist Igor Levit und Schauspieler wie Matthias Brandt, Peter Lohmeyer und Sebastian Koch unterstützen uns aus Überzeugung.

Sie finden eine weitere, uns sehr wichtige Besonderheit (in der Abonnementauflage). Vor einem Jahr verstarb viel zu früh unsere Buchautorin und Freundin Anne von Canal. Schon unter ihrer Krankheit leidend, schrieb sie bei einem gemeinsamen Frankreichaufenthalt ihre letzte und ebendort spielende Kurzgeschichte „Dreiband“, dazu angeregt von ihrem Freund Heikko Deutschmann. Die in mehrfacher Hinsicht berührende Erzählung liegt dieser Ausgabe als Sonderdruck bei und ist auch beim Verlag gegen eine Schutzgebühr erhältlich.

Viel Spaß beim Lesen wünscht Ihnen

Nikolaus Gelpke

Inhalt

Reportage: Leben ohne Camorra? Das Jugendgefängnis von Nisida

Politik: Der zermürbende Alltag der Seenotretter im Mittelmeer

Leben: Über den Gummianzug, der Leben rettet (und Ruhm brachte)

Leben: Die Magie des Nordens – der mare-Bildband „Lofoten"

Titel: Algen, Quallen, Spirulina – Nahrung für die Nachwelt oder Hype?

Kultur: Sehnsüchte am Meer. Der Maler Norbert Schwontkowski

Kultur: Geliebte Lügen haben lange Beine: Baron Münchhausen

Titelbild

Die betörende Anmut der Leuchtqualle Pelagia noctiluca *fing der schwedische Naturfotograf Magnus Lundgren bei einem nächtlichen Tauchgang zwischen den Inseln Pico und Faial im Archipel der Azoren ein.*

RUBRIKEN

Übrigens: *Ein schöner (Heft-)Rücken kann auch entzücken. Ein Fisch ist ein Fisch ist ein Fisch…*

1 BOSTON
Nein, es geht hier nicht um Flüssigkeiten im Handgepäck. Aber um Wasser und einen Koffer, der in jeden Flieger passt und sinnvoller scheint als manche Regel im Luftverkehr.
Seite 114

2 CORK
Als der Mann über Bord ging, schlug niemand Alarm und der Kapitän möglicherweise drei Kreuze. Nur durch seinen Anzug wurde der aufsässige Passagier zum gemachten Mann, selbst die gläubigen Iren wollten das kaum glauben.
Seite 44

3 CAP GRIS-NEZ
„London calling to the faraway towns …“ Hat im ersten Versuch nicht ganz so gut funktioniert wie gut hundert Jahre später in punkmusikalischer Form.
Seite 108

4 BREMEN
Wenn Panama kindliche Sehnsüchte weckt, dann hat das in diesem Fall nichts mit einem berühmten Buch zu tun. Sondern mit Bildern, die viel mehr erzählen als eine Geschichte.
Seite 82

5 SYLT
Im nördlichsten Norddeutschland geht einer mit den Griechen auf Gedankenreise. Weil es ihnen ihrerzeit schon nicht an Worten fehlte, die ihnen womöglich das Meer eingeflüstert hat.
Seite 100

6 LYSEKIL
Auch Spione feindlicher Staaten sind nur Menschen, fühlen sich einsam, sehnen sich nach Freunden und Familie? Das stimmt in dieser Affäre nicht ganz.
Seite 124

7 LOFOTEN
Graut es Ihnen schon jetzt vor dem Grau des gräulichen Winters, der hierzulande ja nicht mal mehr weiß werden will? Dann ab in den Norden, wo es in der kalten Jahreszeit so bunt zugeht, dass man einen Namen dafür hat.
Seite 48

8 BINZ
Bietet eine Gaststätte Unvergessliches, muss es kein Geschmackserlebnis sein. Wir gedenken lieber Schwoof und Champagner, auch wenn sich heute nur noch des Wirtes Schnurrbarthaar dreht.
Seite 56

No. 160 mare Die Schauplätze

Karte: mare/RB+MKB-Deskkart

9 VARAZZE
Eine neue Straße, die nicht nur die, die sie befahren, auf eine völlig neue Spur bringt, was wiederum mehr als eine sportliche Leistung ist und zugleich Antwort auf eine ganz konkrete Frage.
Seite 10

10 NISIDA
Auch wenn es unter dem Vulkan gerade mal nicht brodelt: Die Atmosphäre ist explosiv, ein Ausbruch scheint jederzeit möglich, im doppelten Wortsinn jedoch eher nicht.
Seite 12

11 SFAX
Wo die Reise beginnt, hört das Elend nicht auf und unsere Verantwortung erst recht nicht. Wahre Worte können helfen, vor allem, wenn ein Mann der Tat sie spricht. Noch besser wäre, es würden ihm mehr Menschen zuhören.
Seite 32

12 SRI LANKA
Das Latein des Jägers erschien zuerst auf Englisch, obwohl er gebürtig aus Niedersachsen war. So viel stimmt. Doch auf der Insel, die er besucht haben will, gab es niemals Löwen, gesiegt hat in dem Kampf die Fantasie.
Seite 94

13 CHATHING PHRA
Wenn Vorlieben zum Verhängnis werden: Sie singen nicht im Regen, aber schwimmen besonders gern, wo's prasselt. Den Fressfeind, der da lauert, kennen sie noch nicht, und auch er soll sie noch besser kennenlernen.
Seite 58

Die mare*-Weltkarte*

Der Versuch, den Globus auf eine Weltkarte zu projizieren, quasi die Quadratur der Kugel, ist ohne Kompromisse zum Scheitern verurteilt. Und so sind es stets die Meere, die auseinandergerissen und verzerrt dargestellt werden. mare beschreitet mit seiner Weltkarte den umgekehrten Weg: Nach einer Projektion von Athelstan Spilhaus präsentieren wir die Meere und ihre Küsten so, wie sie tatsächlich zusammenhängen.

Das blaue Telefon

Ihre mare-Hotline in die unerforschten Weiten und Tiefen der Meere

Ihre maritimen Fragen können Sie per Telefon (0800/218 218 2, gebührenfrei) oder E-Mail (wat@mare.de) stellen. Diesmal antworteten Ihnen Beatrice Brix da Costa von der Universität Bremen sowie Ulrike Prange und Simon Wett von MARUM – Zentrum für Marine Umweltwissenschaften der Universität Bremen

Werden in Deutschland Perlen gezüchtet?

Arno Kaiser, Bonn

Perlen können viele verschiedene Formen, Farben und Größen haben. In der Natur werden sie von Muscheln sowohl in Süß- als auch in Salzwasser gebildet, wobei nur wenige der bekannten Arten dazu in der Lage sind. Wenn ein Fremdkörper in eine Perlmuschel eindringt, bildet die Muschel schützende Perlmuttschichten um den Fremdstoff. Im Lauf der Zeit bildet sich aus den Ablagerungen des Perlmutts eine Perle. Perlmutt ist ein Bestandteil der Schale vieler Muschelarten, aber auch von anderen Weichtieren wie zum Beispiel Abaloneschnecken (auch Seeohren genannt). Es dient als Schutzschicht der inneren Schale. Allerdings produzieren nicht alle Tiere mit Perlmutt in ihrer Schale auch Perlen.

Lang ist's her: Zur Zeit der deutschen Fürstenhöfe regelte das „Perlregal" die Suche nach und die Zucht von Perlen

Mehr als 99 Prozent aller Perlen stammen heutzutage aus Zuchten. In Muschelfarmen werden von Hand kleine Fremdkörper in Muscheln eingesetzt, damit die Tiere Perlen bilden. Nach etwa zwei bis drei Jahren können so teilweise mehrere Perlen aus einer Muschel geerntet werden. Aber nur ein Bruchteil davon ist makellos genug, um als Schmuck verwendet zu werden. Die übrigen finden, zu Puder gemahlen, zum Beispiel in Kosmetika oder in der Industrie als Farbzusatz Verwendung. In Deutschland ist die Flussperlmuschel *(Margaritifera margaritifera)* in Sachsen, Bayern und Nordrhein-Westfalen heimisch. Sie wurde dort noch im 18. Jahrhundert gezüchtet, gilt heute aber als stark bedroht, da die Bestände infolge der Wasserverschmutzung stark zurückgegangen sind. Gezüchtet wird sie heute nur, um die Art zu erhalten, nicht zur Perlenproduktion.

Können Bauwerke surfbare Wellen beeinflussen?

Renato Fanelli, per E-Mail

„Surfspots entstehen und vergehen, aus natürlichen Ursachen ebenso wie durch menschliches Zutun", schreibt William Finnegan in seiner Surfautobiografie. Menschliche Eingriffe können an der Küste und in flachen Gewässern die Küstendynamik verändern und damit auch die Art, wie Wellen brechen – oder nicht. Oft ist der Grund dafür der Schutz der Küste, damit Wellenbrecher oder Buhnen der Erosion entgegenwirken. Molen, Häfen oder Promenaden werden oft als touristische Infrastruktur erbaut. Ändert sich dadurch der „Surfbreak", haben Surffans oft das Nachsehen. Manchmal entsteht auch etwas Neues, so geschehen in Varazze, einem Küstenort in Ligurien, Italien. „In den 1960er-Jahren führte umfangreicher Straßenneubau zu einem Überangebot an Gesteinsmaterial, das beim Bau von Autobahntunneln anfiel. Man beschloss, dieses überschüssige Material für den Bau einer Reihe von Anlegestellen zu verwenden, um die touristische Entwicklung des Gebiets zu fördern und die Küste vor Erosion zu schützen", schildert der Küstenforscher Alessio Rovere, der früher an der Universität Bremen und inzwischen an der Universität Venedig lehrt.

Der Bau von Häfen, Molen und Seepromenaden hat Auswirkungen auf die Küstendynamik und damit auf das Brechen der Wellen

Nach einiger Zeit verschob der Wellengang die Felsen vor einer dieser Landungsbrücken, wodurch eine V-förmige Flachwasserstruktur entstand. Sie ist heute als „la secca di Varazze" bekannt, ein erstklassiger Surfspot, der in ganz Europa beliebt ist.

Wirken sich die Gezeiten auf unser tägliches Leben aus?

T. Winninger, per E-Mail

Ausgelöst durch die Massenanziehung des Monds, bestimmen die Gezeiten den Tagesablauf der Menschen, die vom und am Meer leben. Jedoch haben die Gezeiten auch Auswirkungen auf das tägliche Leben aller Menschen, ob sie an der Küste leben oder nicht. Denn letztlich sind die Gezeitenkräfte dafür verantwortlich, dass unser Tag 24 Stunden dauert. Vor vielen Jahrmillionen war ein Tag einige Stunden kürzer, da sich die Erde deutlich schneller drehte. Dass sie sich heute langsamer dreht, liegt an der Bremswirkung der Gezeiten. Wenn Wasser mit den Gezeitenströmungen über den Ozeanboden oder andere Wasserschichten fließt, reiben diese aneinander. Dabei entstehen Turbulenzen – die Bewegungsenergie aus der Erdrotation wird so in die Durchmischung der Ozeane umgewandelt. Über die Jahrmillionen macht sich dieser Bremseffekt bemerkbar, und noch heute nimmt die Tageslänge langsam zu. Das Durchmischen der Ozeane durch die Gezeiten ist außerdem eine treibende Kraft der atlantischen Umwälzzirkulation, die wie eine Fernwärmeheizung für Europa wirkt. Warmes subtropisches Wasser gelangt in den kalten subpolaren Nordatlantik, kühlt, sinkt und strömt anschließend als Teil der globalen Zirkulation in der Tiefe südwärts. Um den Kreislauf zu schließen, muss dieses Tiefenwasser an anderer Stelle wieder an die Oberfläche gelangen. Dies geschieht unter anderem durch die vertikale Durchmischung der Gezeiten, die kaltes Tiefenwasser mit darüberliegendem wärmerem vermischen. So werden diese Wassermassen leichter und gelangen zurück an die Oberfläche. Die Gezeiten der Meere haben also tatsächlich einen großen Einfluss auf unser tägliches Leben. Sie bestimmen unter anderem die Tageslänge und beeinflussen das Weltklima. Ausführliche Darstellungen der Wirkung der Gezeiten auf den Menschen finden Sie auch in mare No. 35.

Die Gezeiten in den Ozeanen haben vielfältige Wirkungen auf uns. Nicht zuletzt beeinflussen sie die Tageslänge und das Klima

Die maritimen Schätze der Weltliteratur

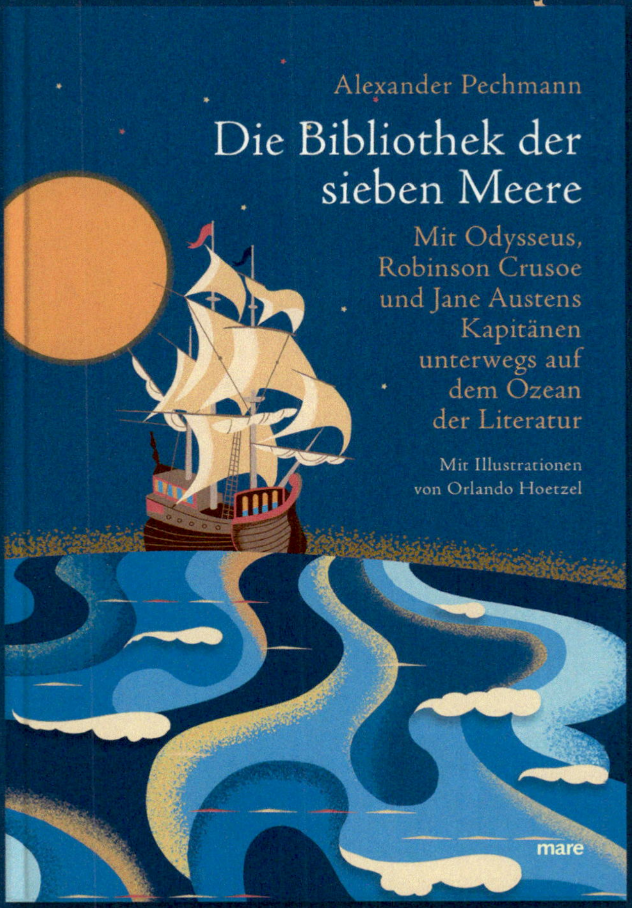

Auf den sieben Meeren wimmelt es seit Odysseus' Irrfahrt von abenteuerlichen Geschichten: Geisterschiffe kreuzen, Piraten meutern, Windsbräute toben, Schiffbrüchige finden Zuflucht auf einsamen Inseln und Matrosen in jedem Hafen eine neue Liebe. Mit diesem Buch lädt Alexander Pechmann, hochgelobter Herausgeber und Übersetzer großer Klassiker und Autor eigener meerdurchrauschter Romane, uns ein zu einer farbenprächtigen Reise durch die Geschichte der maritimen Literatur.

256 Seiten mit Illustrationen,
bedruckter Leineneinband,
34 € [D]
ISBN 978-3-86648-681-2

mare

„IN UNSERER FAMILIE GIBT ES KEINE VERRÄTER“

Sie sind inhaftiert im Jugendgefängnis auf der Insel Nisida, im Golf von Neapel, einer Gegend, in der mehr als 100 Camorra-Clans die Macht haben: 53 junge Männer im Alter von 16 bis 22 Jahren. Eingesperrt zu sein mit Aussicht auf das Meer und die Freiheit – das kann Qual sein und Hoffnungsschimmer zugleich

Text: Petra Reski
Fotos: Yarin Trotta del Vecchio

Seiten 12/13 **Bauchfrei. Die meisten Tattoos der Häftlinge beziehen sich auf Religion, Familie oder zeigen kriminelle Symbole.**

Oben **Zelle mit Aussicht. Nisida hat sich in den vergangenen Jahren durch einen innovativen Strafvollzug hervorgetan.**

Rechte Seite **Durchatmen. Schwimmen im Meer ist ein besonderer Moment. Hier erleben Gefangene ein Gefühl der Freiheit**

HIER WIRD ALLES ÜBERWACHT. Kameras an den Mauern, Sensoren in der Erde und Satelliten in der Luft belauern aber nicht das Jugendgefängnis von Neapel, sondern den Supervulkan an der westlichen Seite von Neapel. Das Jugendgefängnis auf dem Inselchen Nisida im Golf von Neapel liegt auf einem ehemaligen Vulkankrater, der wie ein Halbmond aus dem Meer steigt und sich wie ein natürlicher Swimmingpool zum Golf von Neapel öffnet. Vom Belvedere hat man einen atemberaubenden Blick auf Ischia, Procida und Capri. Das Panorama ist so weit, dass zwei Augen nicht reichen, um alles auf einmal zu erfassen, das Meer glitzert wie mit Pailletten bestreut, und der Himmel sieht beim Sonnenuntergang aus, als hätte jemand ein Streichholz darangehalten.

Wären da nicht die Überwachungskameras, das meterhohe Stahlportal und die Gitterstäbe vor den Fenstern, man könnte sich im Paradies wähnen.

Mittendrin stehen ein paar junge Männer, um die man im Dunkeln auf der Straße einen Bogen machen würde. Kein Zufall, sondern Absicht: Tattoos kriechen ihnen ins Gesicht, die Augenbrauen sind gepierct, die Baggy Pants sitzen tief auf den Hüften, die Basecaps sind ordnungsgemäß seitlich verrutscht, die Schnürsenkel der Sneaker (rigoros Nike, Reebok, Adidas, Air Jordan oder Timberland) offen, und die Sonnenbrillen werden selbst in der Nacht nicht abgenommen. Im Grunde sehen sie aus wie alle coolen Jungs auf der Welt: fein gemacht für eine Hip-Hop-Party Gangsta Style. Mit dem Unterschied, dass hier vom Mord über Raubüberfall bis zum Drogenhandel alles versammelt ist, was das italienische Strafrecht hergibt.

Und wie alle coolen Jungs drängeln sie sich so nah an einen heran, bis man ihren Atem spürt – um zu testen, ob man einen Schritt weicht. Weicht man nicht, ist das okay. Dann bekommt man beim Hofgang im Flutlicht des Basketballfelds auch ein paar praktische Tipps fürs Leben. Etwa, dass man sich die Fingerringe abnehmen soll, wenn man das nächste Mal in die Altstadt von Neapel geht. Oder dass man aus einem geklauten Motorrad selbstverständlich die Fahrgestellnummer fräst. Und dass nur Nulpen im Vorbeifahren Handtaschen rauben. „Wollen Sie wissen, warum ich hier bin?“, fragt ein kleiner Dicker, und noch ehe man ihm antwortet, sagt er „wegen Mord“, kostet kurz das Erstaunen aus und fügt lachend hinzu: „Kleiner Scherz.“

Das Outfit ist ihr Zeichen der Zugehörigkeit, es vereint die 53 Jungs, die zur Zeit im Jugendgefängnis von Nisida leben, aber damit hört es auch schon auf mit den Gemeinsamkeiten. Die Hälfte von ihnen sind Nordafrikaner – Tunesier, Marokkaner, Algerier, die kein Italienisch sprechen und vor Kurzem aus den überfüllten norditalienischen Jugendgefängnissen nach Neapel verlegt wurden.

Lesen Sie bitte weiter auf Seite 18

„DIE ARABER STINKEN“, SAGT DER NEAPOLITANER. „DIE NEAPOLITANER SIND RASSISTEN“, SAGT DER NORDAFRIKANER

Oben **Bis zu ihrem 25. Geburtstag war M. die einzige inhaftierte Frau. Danach kam sie in den Strafvollzug für Erwachsene.**
Rechte Seite **Der Golf von Neapel. Das Gefängnis hat drei separate Trakte mit Einzel- und Doppelzellen. Manche der Jugendlichen werden rund um die Uhr streng überwacht, andere dürfen die Anstalt tagsüber verlassen und arbeiten**

„WOLLEN SIE WISSEN, WARUM ICH HIER BIN?“, FRAGT EIN KLEINER DICKER, UND NOCH BEVOR MAN IHM ANTWORTEN KANN, SAGT ER „WEGEN MORD“, KOSTET KURZ DAS ERSTAUNEN AUS UND FÜGT LACHEND HINZU: „KLEINER SCHERZ“

Was auf Nisida prompt eine Revolte auslöste. „Die Araber stinken“, sagt ein Neapolitaner. „Die Neapolitaner sind Rassisten“, sagt ein Nordafrikaner. Die einzigen Ausländer hier waren bislang rumänische Roma – die sich nach der Ankunft der Nordafrikaner mit den Neapolitanern solidarisierten und mit ihnen gegen die „Invasion“ protestierten. Vielleicht, weil sie erleichtert waren, in der Hackordnung nicht mehr ganz unten zu stehen.

In Norditalien sitzen in den Jugendgefängnissen fast nur Ausländer, norditalienische Jugendliche sitzen ihre Strafe zwecks Resozialisierung hingegen meist in betreuten Wohngemeinschaften ab. Die norditalienischen Jugendgefängnisse sind überfüllt, aber immerhin gibt es dort sogenannte „Kulturvermittler“, die Arabisch sprechen und auch Kontakt mit den Familien aufnehmen können.

Nisida bietet mehr Platz, aber niemanden, der Arabisch spricht. Also versuchen sich zwei der inhaftierten Jungs als Übersetzer nützlich zu machen: Nordafrikaner, die in der zweiten Generation in Italien leben und gut Italienisch sprechen. Eine Notlösung für die sieben Erzieher, die sich um die 53 Jugendlichen kümmern: ein Mann, Paolo, und sechs Frauen – Antonietta, Pina, Barbara, Valeria, Ornella, Corinna; Erzieher, die respektvoll *Dottore* oder *Dottoressa* genannt und vertraulich geduzt werden. Und beim abendlichen Freigang sieht man die durchtätowierten und durchgepiercten Jungs, die einem gerade noch weihevoll die Bedeutung ihrer Tattoos auf der Hand erklärt haben – „1312“ bedeutet: *All Cops Are Bastards*, drei Punkte bedeuten: „Nichts hören, nichts sehen, nichts sagen“ –, am Rand des Basketballfelds mit gesenktem Kopf neben einer Erzieherin sitzen und ihr flüsternd Geheimnisse, Ängste und Enttäuschungen anvertrauen.

Gefängniswärter gibt es hier natürlich auch, die „Inspektoren“, die, weil sie jung sind und keine Uniform tragen, auf den ersten Blick kaum von den Häftlingen zu unterscheiden sind. Sie greifen immer dann ein, wenn es zu Unruhen kommt. Etwa, als ein paar nordafrikanische Neuankömmlinge die Idee hatten, Feuer zu legen. Oder wenn sie ausrasten, weil sie unter dem Entzug von den Beruhigungsmitteln leiden, die ihnen das Leben in der Illegalität nach der Flucht über das Mittelmeer so weichgezeichnet haben. Oder einfach nur, weil die Hormone verrückt spielen und die jungen Männer nicht wissen, wohin mit ihrer Wut und Verzweiflung.

In Italien gibt es 17 Jugendgefängnisse, in denen 385 junge Menschen unter 25 Jahren derzeit eine Strafe verbüßen, erklärt Direktor Gianluca Guida, der das Jugendgefängnis auf Nisida seit 15 Jahren mit großem Engagement leitet. Regelmäßig veranstaltet er einen „Tag der offenen Tür“, um den Neapolitanern zu zeigen, dass es sich bei der Insel nicht um

Linke Seite Tischkicker im Haupthof. Das Spiel ist eine der Lieblingsbeschäftigungen der Jungs während des Freigangs.
Oben Seeigelmahl. Nisida ist die einzige Jugendstrafanstalt in Italien, in der Häftlinge im Meer schwimmen können. Dabei werden sie von einem Wärter zu einer versteckten Bucht begleitet, die von der Öffentlichkeit nicht betreten werden darf

WAS ER VORHAT, WENN ER WIEDER RAUSKOMMT? „WIEDER MOTORRÄDER KLAUEN, WAS SONST?“, SAGT EIN JUNGE AUS SALERNO. UND SEINE FAMILIE? „DIE LEBT VOM DROGENHANDEL“, SAGT ER, UND ES KLINGT, ALS HANDELE SIE MIT FRÜHLINGSGEMÜSE

ein Gut handelt, „das der Allgemeinheit vorenthalten wird“, sondern um einen Ort, an dem man Seelen retten will. Und vielleicht auch, um zu verhindern, dass hier ein weiteres Luxushotelresort für Privilegierte entsteht, wie sich das mancher Investor beim Anblick dieser paradiesischen Insel schon lange erträumt.

Für die Jungs hier ist es Segen und Fluch zugleich, dass sich das Jugendgefängnis von Neapel nicht wie alle anderen Jugendgefängnisse in irgendeinem Zementbau in der Peripherie befindet, sondern in diesem Elysium mit Blick auf Capri und den Golf von Neapel. Gefangen zu sein mit Aussicht auf das Meer und die Freiheit – das kann Qual sein und Hoffnungsschimmer zugleich. „Mare fuori“, das „Meer draußen“, heißt denn auch die Serie, die sich vom Jugendgefängnis von Nisida inspirieren ließ, auf Netflix unter dem deutschen Titel „Zelle mit Aussicht“ zu sehen ist – und von gottesfürchtigen Bossen bis sexy Taschendiebinnen ungefähr alle Klischees über die Camorra, Neapel und Jugendliche vereinigt, die einem auf die Schnelle einfallen. Findet man jedenfalls hier, auf Nisida.

Wie viele Inseln wurde auch Nisida einst dafür benutzt, die Gesellschaft vor dem zu bewahren, was man als krank, versehrt oder gefährlich betrachtete. Im Lauf ihrer Geschichte war die Insel Zuchthaus, Quarantäneanstalt, Marinelazarett und schließlich Nato-Stützpunkt, bis hier das Logistikzentrum der italienischen Marine und das Jugendgefängnis eingezogen. Ein Damm verbindet die Insel mit dem Festland, und wer sie betritt, endet spätestens an der Pforte, wo ein Uniformierter den Zutritt zur Insel kontrolliert.

Unter das Jugendstrafrecht fällt, wer im Alter zwischen 14 und 18 Jahren ein Verbrechen begangen hat. Die Strafe kann er, wenn er will, bis zu seinem 25. Lebensjahr im Jugendgefängnis verbüßen oder bei Volljährigkeit einen Antrag dafür stellen, in ein normales Gefängnis verlegt zu werden. Etwa im Sinn einer absurden und auch gefährlichen „Familienzusammenführung“, wenn Väter oder Brüder bereits im Gefängnis sitzen – schließlich befindet sich Nisida mitten in der Hochburg der Camorra. Über 100 Camorra-Clans haben die Macht über Neapel und das Umland. Die Camorra wird hier *Il sistema* genannt: ein System aus Gewalt, Korruption und Angst, das Kampanien bis heute ungebrochen beherrscht. In der neapolitanischen Bronx bedeutet das, dass Kinder im Monat 1500 Euro damit verdienen können, im Auftrag der Camorra einen Drogenumschlagplatz zu bewachen. Daher auch die teuren Nike-Schuhe: Wer auf sich hält, hat in sein Outfit investiert.

Nisidas Erziehungspolitik gilt in Italien als fortschrittlich. Es gibt eine Bibliothek und ein Theater, Werkstätten für die Berufsausbildung, für Keramik, Töpferei, Krippenbau, Bauwesen und Konditorei – und wagt etwas Unerhörtes: Smartphones

Linke Seite **Carmela Brando unterrichtet im Klassenzimmer des Gefängnisses. Ziel ist es, den Häftlingen die schulische Wiedereingliederung nach der Haft zu erleichtern. Auch Workshops für Metallurgie, Kochen und Backen werden angeboten.**
Oben **Insassen auf dem Hof bei ihrem täglichen Freigang**

„VIELE DER JUNGEN HEUTE LEBEN WIE IN EINEM COMPUTERSPIEL. SIE GEHEN RAUS MIT EINEM MESSER UND VERSTEHEN NICHT, WAS ES BEDEUTET, JEMANDEN ZU VERLETZEN ODER ZU TÖTEN“

sind auf Nisida verboten. Aus Sicht der Jugendlichen ein Angriff auf ein sakrosanktes Recht. „In Bologna gab es das nicht!“, protestiert einer der Jungen, der erst vor Kurzem hier ankam.

Aber Nisida versteht sich nicht als eine der üblichen Verwahranstalten für Jugendliche, die durch den Rost gefallen sind. In vielen norditalienischen Jugendgefängnissen fehlen die Direktoren und auch Erzieher, das ist auf Nisida anders. Wer Nisida verlässt, soll vorangekommen sein. Er soll etwas für sich und sein Leben lernen, so wie der Junge in der Keramikwerkstatt, der Kacheln mit den Ansichten des Vesuvs in Hellblau bemalt und inzwischen Freigänger wurde: Er arbeitet in Neapel als *barista* hinter der Theke und darf alle anderthalb Monate seine Familie besuchen, die in der Camorra-Hochburg Secondigliano eine Bar betreibt. Als er ins Gefängnis kam, war er 16 Jahre alt, jetzt ist er 20, fünf Jahre hat er noch vor sich. Zu Hause in Secondigliano hat er auch eine Freundin, aber ob sie fünf Jahre lang auf ihn wartet? Auf den Arm hat er sich „Los Angeles“ tätowieren lassen – sein Ziel in fünf Jahren, wenn er entlassen wird.

Die meisten hier haben nicht einmal einen Hauptschulabschluss, den man selbst für den Führerschein braucht. Aber auf Nisida wird niemand zu seinem Glück gezwungen, weder zur Arbeit in den Werkstätten noch zum Schulbesuch – der ist in Italien nur bis zum Alter von 16 Jahren obligatorisch.

Wahre Nachwuchscamorristi aber wollen sich weder an Zeiten halten noch Regeln unterwerfen – sie wollen sich nicht infrage stellen und ertragen es nicht, an ihre Grenzen zu stoßen. „So einer kann eine ganze Gruppe kaputtmachen“, sagt der Direktor. „Wer aus der Camorra stammt, sieht seine Zukunft ausschließlich in der Camorra. Diese Jungs wollen nicht lernen, sie wollen auch keine Workshops mitmachen, weil sie sich eigentlich für eine Führungsrolle qualifiziert fühlen.“

Sie wollen einfach nur wieder raus, so wie dieser Junge, der aus Salerno kommt und der wegen Motorraddiebstahls noch zwei Jahre abzusitzen hat. Er ist 16 Jahre alt, hat ein paar Kilogramm zu viel auf den Hüften und sieht mit seinem Stone-Island-Supreme-Lacoste-Outfit aus wie ein TikTok-Für-Dich-Feed auf zwei Beinen. Was er vorhat, wenn er wieder rauskommt? „Wieder Motorräder klauen, was sonst?“, sagt er. Und seine Familie? „Die lebt vom Drogenhandel“, sagt er, und es klingt, als handele sie mit Frühlingsgemüse.

Wichtig sei nur, das habe ihm sein Vater eingebläut, dass man sich im Gefängnis immer gut benimmt, damit man schnell wieder rauskommt. Zweimal in der Woche besucht ihn seine Familie und versorgt ihn mit Zigaretten, Klamotten und Geld – mit dem er, wie er sagt, ein

Linke Seite **Die Klippen der Bucht von Porto Paone. Nisida ist ein ehemaliger Vulkankrater, was sich an der Sichelform zeigt.**

Seit vielen Jahrzehnten ist die Halbinsel durch einen künstlichen Isthmus mit dem Festland verbunden.

Oben **Frühjahrsputz. Im April legen die Häftlinge den verwilderten Weg zu einer Bucht frei, um dort schwimmen zu gehen**

WER IHN BESUCHEN WIRD? „MEIN GROSSVATER UND MEINE TANTE“, SAGT DER ENGELHAFTE 16-JÄHRIGE. UND SEINE MUTTER? „DIE IST MIT ANGEKLAGT.“ WOFÜR? „WIR HABEN ZUSAMMEN JEMANDEN UMGEBRACHT“

paar von seinen Mithäftlingen unterstützt. „Ich bin hier Berlusconi“, sagt er und lacht, bis die Speckrollen wackeln. Denn Geld ist knapp unter den Jugendlichen, jeder bekommt ein Taschengeld von 15 Euro in der Woche – das muss für Zigaretten, Lebensmittel und für den Friseur reichen. Der ist einmal im Monat umsonst, exakte Linien und angesagte Rappermuster auf dem Schädel gehen extra.

Wer zur Camorra gehört, empfindet die Haft als völlig normalen Lebensabschnitt, weil er daran gewöhnt ist, dass schon der Vater im Gefängnis war und dass der Bruder, der ihn gerade noch besucht hat, demnächst wieder ins Gefängnis geht“, sagt der Direktor. Und wie zur Bestätigung brüstet sich ein junger Sizilianer später beim Hofgang damit, dass sein Onkel in Mailand in Hochsicherheitshaft sitzt, die für Mafiosi vorgesehen ist. Ob sein Onkel nicht vielleicht auf die Idee kommen könnte, mit der Justiz zusammenzuarbeiten, um früher aus der Haft entlassen zu werden? Es folgt ein ungläubiger und mitleidiger Blick. „In unserer Familie gibt es keine Verräter.“ Als Beweis zieht er sich den Hoodie hoch und zeigt seinen Bauch, auf dem er sich den Satz „Lieber im Stehen sterben als das Leben auf Knien verbringen“ tätowieren ließ.

Die Nordafrikaner halten sich mit solchen Sinnsprüchen nicht auf. Hinter ihnen liegen Jahre in der Illegalität, sie haben nicht nur das Mittelmeer, sondern auch halb Europa durchquert. Ein Marokkaner, der sich einen Engel mit einer Maschinenpistole auf den Arm tätowieren ließ, war zwei Jahre lang in Spanien untergetaucht; ein Algerier, der von sich behauptet, 17 Jahre alt zu sein, aber aussieht wie mindestens 21, war fünf Jahre in Europa unterwegs und hat sich über Wasser gehalten, indem er Handys und Taschen aus Autos klaute. In Wuppertal saß er ein Jahr im Gefängnis und setzte sich dann nach Italien ab, um nicht abgeschoben zu werden. „Deutschland war mir zu stressig.“ In Italien ging er wieder seinem Tagwerk nach, und landete in Treviso im Gefängnis, bis er nach Nisida verlegt wurde. Sein Plan für die Zukunft: Nach Algerien zurück, aber mit italienischen Papieren. Er spricht Französisch und passabel Deutsch und wird sicher auch schnell Italienisch lernen.

Im Überlebenskampf gestählt, verfügen diese jungen Männer alle über eine bemerkenswert schnelle Auffassungsgabe, sie sind gewitzt und scharfsinnig, lebenstüchtig und erfinderisch und verfügen über große Menschenkenntnis. Im Nu können sie beurteilen, ob ihr Gegenüber für sie nützlich sein kann oder nicht.

Beim Englischunterricht am nächsten Tag kann man einen hünenhaften, durchtätowierten Algerier dabei erleben, wie er die Filmgeschichte des Tänzers Billy Elliot

Lesen Sie bitte weiter auf Seite 28

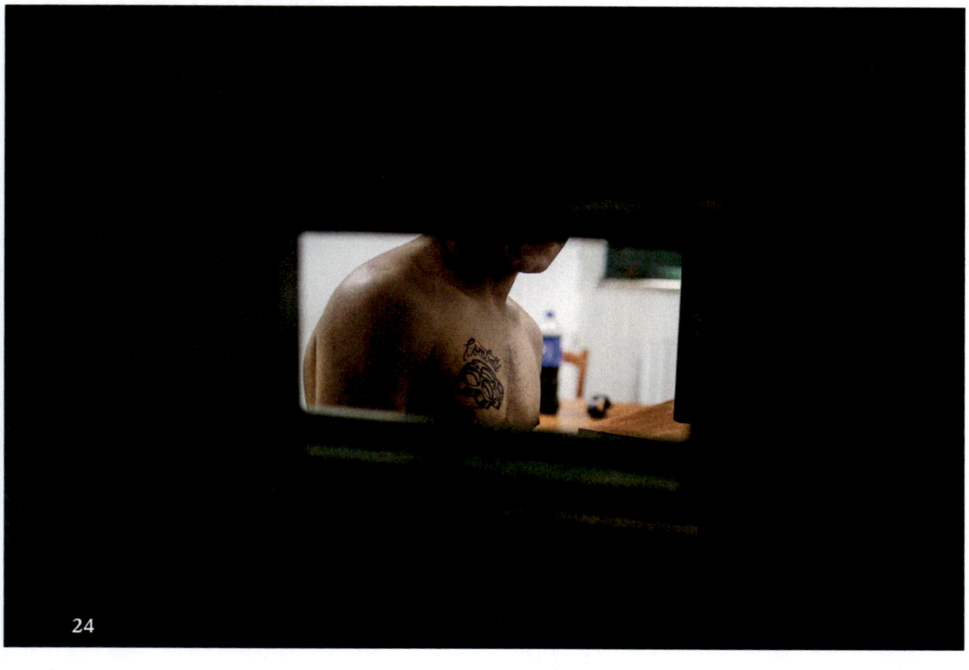

Linke Seite Tätowierung eines Häftlings. Abgebildet sind ein Schlagring und das Wort „combatti" („Kämpfe"). Begriffe von Ehre, Respekt und Widerstandskraft sind tief verwurzelt in den Jungen und typisch für das Wertesystem der Camorra.
Oben Insasse auf dem Hof. Die Jungs bilden im Gefängnis Cliquen, je nach Wohnviertel und entsprechender Camorra-Gang

Linke Seite **Hofzeit am Abend. Auf Nisida entstehen enge Freundschaften, die oft auch die Haftzeit überdauern. Diese Beziehungen sind für die Jungs besonders wichtig, denn sie ersetzen im Knast die fehlende Familie.**

Oben **Insassen unterhalten sich während des Freigangs**

„WER ZUR CAMORRA GEHÖRT, EMPFINDET DIE GEFÄNGNISSTRAFE ALS VÖLLIG NORMALEN LEBENSABSCHNITT, WEIL ER DARAN GEWÖHNT IST, DASS SCHON DER VATER IM GEFÄNGNIS WAR“

erzählt, dem der Vater das Tanzen verbietet, weil angeblich nur Schwule tanzen – wobei der algerische Hüne nicht nur lernt, an Verben in der dritten Person Singular ein S anzuhängen, sondern auch, die Rollenverteilung Mann–Frau aus einem anderen Blickwinkel zu betrachten. Und im Italienischunterricht nebenan geht es um kein geringeres Thema als „Die Liebe in Gefängniszeiten“. Die harten Jungs sollen zu Blatt bringen, was ihnen dazu einfällt.

Und prompt fällt da jede Gangsta-Attitüde von ihnen ab – sie fangen tatsächlich an zu schreiben und nehmen das Blatt zum Vorwand, der Lehrerin so nahe zu kommen, wie es nur geht. Sie drängeln sich um sie, umarmen sie, und ein Rumäne, der sich rühmt, bereits in Rom, Bologna, Potenza und vorher schon in Rumänien im Gefängnis gesessen zu haben, fängt an, akzentfrei ein neapolitanisches Liebeslied zu singen.

Mit der Liebe in Gefängniszeiten ist es besonders hart, wenn Feiertage bevorstehen. Wenn an Ostern oder Weihnachten die Routine durch den Unterricht wegfällt und die Tage endlos werden. Wer bereits ein Viertel der Strafe abgesessen hat und nicht mit Disziplinarstrafen belegt wurde, darf an Feiertagen das Gefängnis verlassen und seine Familie besuchen. Alle anderen sind auf die Besuchszeiten angewiesen, zweimal in der Woche, jeweils eine Stunde – falls sie das Glück haben, dass ihre Familien in der Nähe wohnen. So wie dieser dünne, akkurat gescheitelte, im Vergleich zu den anderen Durchtätowierten engelhafte 16-Jährige, der später, beim Small Talk während des Hofgangs, auf die Frage, wer ihn an den Feiertagen besuchen wird, antwortet: „Mein Großvater und meine Tante.“ Und der auf die erstaunte Nachfrage „Und deine Mutter kommt nicht?“ erwidert: „Die ist mit angeklagt.“ Wofür? „Für Mord. Wir haben zusammen jemanden umgebracht.“

Noch bevor man sich überlegen kann, was man darauf sagen könnte oder ob man überhaupt etwas darauf sagen soll, drängelt sich der ebenso brav wirkende Junge heran, der gerade noch unter Kopfschmerzen gelitten hat. Er kommt aus dem benachbarten Salerno und ist auch erst 16 Jahre alt. Wie lange er hier bleiben muss? „Ich habe zehn Jahre gekriegt, wegen Mordversuch“, sagt der Ministrant. „Bei guter Führung komme ich nach acht Jahren raus, mit 24.“ Und wenn man fragt, was für ein Mordversuch das war, grinst er verlegen und sagt, dass er, zusammen mit einem anderen auf einem Motorrad sitzend, auf jemanden geschossen habe. Warum? „Bin eben in falsche Gesellschaft geraten“, sagt er und zuckt mit den Schultern.

Jugendstrafen betragen die Hälfte der Strafen für Erwachsene. Werden Erwachsene zu lebenslänglich verurteilt, bedeutet das abzüglich der Strafminderung, meist 30 Jahre Haft. Begeht ein Jugendlicher einen Mord, wird er mit 16 Jahren Haft bestraft. Tatsächlich bewegen sich die meisten Delikte hier auf Nisida irgendwo zwischen Diebstahl, Raubüberfall, Erpressung oder Drogenhandel. Mord oder Mordversuch sind Ausnahmen und werden eher von Jugendlichen aus „normalen“ Familien begangen. „Viele der Jungen heute leben wie in einem Computerspiel. Sie gehen raus mit einem Messer und verstehen nicht, was es bedeutet, jemanden zu verletzen oder zu töten“, sagt eine der Erzieherinnen.

Apropos Messer: Von denen gibt es natürlich einige in der Küche und in der Konditorei von Nisida. Wer hier mit Ciro, dem Koch, arbeiten will, muss sich bewährt haben. Zurzeit sind es drei, einer von ihnen ist ein Rom, 21 Jahre alt und Vater von zwei Kindern, der, wenn er wieder in die Freiheit entlassen wird, als Konditor arbeiten will. Wie in Neapel üblich, fängt der Dienst erst einmal mit Umarmungen, Küssen und Wangenkneifen an. Dann geht es weiter mit der Zubereitung von Brot und, je nach Jahreszeit, der Zubereitung des Teigs für die *colomba di Pasqua*, die „Ostertaube“, genannten Kuchen oder für *panettone*, das typisch italienische Weihnachtsgebäck. Verkauft werden die Waren nicht nur in einem Geschäft in Fuorigrotta, sondern auch online auf Facebook, wo die Kuchen der angehenden Konditoren unter dem schönen Namen *Monelli A Pasticciare* angeboten werden, was so viel heißen soll wie „Herumstümpernde Tunichtgute“.

Man könnte es für Beschäftigungstherapie halten – aber wer hier bei Ciro gelernt hat, bekommt auch ein anerkanntes Diplom, und das ist mehr, als die Jugendlichen später draußen erwarten können. Für sie gibt es kein Eingliederungsprogramm, keine Ausbildung, keine Sozialhilfe. Weshalb, wie die Erzieherinnen berichten, neun von zehn Jugendlichen rückfällig werden. Und wieder nach Nisida zurückkehren.

Im Abendlicht spult der Golf von Neapel noch einmal sein Programm ab. Durch ein Loch in der Wolkendecke ergießt sich die Sonne wie ein Strom Gold ins Meer. Am Abend sind die Jungs wieder in ihren Zellen. Ob einer von ihnen oben diesen Sonnenuntergang auch beobachtet? Im Sommer gehen sie hier schwimmen, in dieser kreisrunden Bucht, die eigentlich ein Vulkankrater ist. Geführt von den Inspektoren, verbringen sie in kleinen Gruppen von vier bis fünf Jungs am Nachmittag zwei Stunden am und im Wasser. Tauchen unter und lassen ihre weißen Leiber treiben. Starren in den Himmel, riechen die See und die Pinien. An einer Stelle öffnet sich der Krater zum Meer, zur Freiheit.

Petra Reski ist Journalistin und Schriftstellerin, lebt seit 1991 in Venedig und zählt Neapel zu ihren Lieblingsstädten. Die Jugendlichen von Nisida beeindruckten sie mit ihrer Lebenstüchtigkeit und die Erzieher mit ihrer Hingabe für ihre Jungs.
Yarin Trotta del Vecchio, Jahrgang 1991, ist freier Dokumentarfotograf in Rom. Er besuchte die Anstalt und die Insassen über einen Zeitraum von zwei Jahren, „um die Insel und die jungen Menschen besser zu verstehen“.

YOU ARE NOT JUST ANYONE. DON'T SUBSCRIBE TO JUST ANYTHING. SEE THE WORLD IN A DIFFERENT WAY. FROM HERE ON OUT.
TRAVELLER'S
WORLD
IN GOOD WE TRUST
Galant in Galata
Ganz neu: Istanbuls grandiose neue „Halbinsel"
Ceylons Zier
Perlen an der Südküste Sri Lankas
Abenteuer+Reisen
Explora Journeys verspricht Kreuzfahrten mit Forscherdrang
Italien? Va bene!
Ausflüge nach Rom, Mailand, in der Chianti, nach Ischia und an die toskanische Riviera
Subscribe to the fascinating world of Traveller's World
Four magazines per year. Subscribe today: travellersworld.de

Der Indische Ozean

Fundstücke aus Kunst und Literatur

Seine erste Reise nach Indien war, so der britische Maler Howard Hodgkin (1932–2017), eine Erleuchtung, sie habe sein Denken verändert. Regelmäßig besuchte er das Land und verarbeitete seine Eindrücke – wie in den 30 Werken der Serie „Indian Waves“, die auf handgeschöpftem indischem Papier entstand. Der Ozean, der dort Wellen schlägt, grenzt an mehr als 30 Länder auf drei Kontinenten und trägt einen sehr besitzergreifenden Namen. Die kenianische Autorin Yvonne Adhiambo Owuor (geboren 1968) wirft die Protagonistin ihres fulminanten Romans mitten hinein in den Kulturkampf der Anrainerstaaten und die Globalisierung. Und auch die Lyrik der indonesischen Dichterin Dorothea Rosa Herliany (geboren 1963) bringt die Ferne mit sprachlicher Präzision fast spürbar nah, weil sie aus ihrem Land heraus und nicht mit Blick von außen über dessen Exotik schreibt. *mw*

Dorothea Rosa Herliany
Immerwährendes Gebet

ich will einen ozean in meinem herzen
will mit den wellen treiben reglos im korallenriff
unter pulsierenden regenbögen, stechender sonne
ich will wogen, stürme und monströse tiefseefische
irgendeinen fischer: arm und einfach. ich will
grenzenlosen himmel, fangzeit immerwährend

will schaukeln in einem boot
will die sorgen des fischers teilen. will
ein grenzenloses meer, bis ich mich verleiten
lasse, dass ich amen sage, dass ich ermattet
das kaputte kanu flicke. ich will

Aus dem Indonesischen von Brigitte Oleschinski

Yvonne Adhiambo Owuor
Aus: Das Meer der Libellen

„*Ratnakar*“, sagte einer der Indonesier.

„*Indischer* Ozean“, betonte Ari.

„*Ziwa Kuu*“, wiederholte Ayaana.

„*Indischer* Ozean.“

Zwei pakistanische Studenten mischten sich ein: „*Ziwa Kuu!*“

Ein Aufruhr entstand im Raum, was an der chinesischen Außenpolitik jedoch nicht das Geringste änderte. Der Dozent, der die Auflösung der Ordnung ungläubig verfolgte, bekam rote Flecken im Gesicht und schrie: „Der Westliche Ozean! Sie sind hier in China!“

„Westlicher Ozean“, murmelte Ayaana und lugte unter ihrem Pony zu Ari hinüber, während sie „Ziwa Kuu“ auf ihren Notizblock kritzelte, über andere Kipate-Wörter für das Meer nachdachte und sich über das bedeutungslose Scharmützel freute, das sie ausgelöst hatte. Laut fasste der Dozent die wichtigsten Punkte noch einmal zusammen. Ayaana machte sich Notizen über die Vorstellungen einer anderen Nation von ihrem Meer. „Belt and Road“, schrieb sie. Sie würde Muhidin nach den verschiedenen Bezeichnungen für ihr Meer fragen müssen.

Draußen ging die Diskussion weiter, je nach Nationalität und kultureller Verbundenheit wurden andere Standpunkte vertreten. Ayaana befand sich mittendrin, begab sich in die unsicheren Gewässer der Geschichte, ihrer Erinnerung und des Schweigens von Männern wie Mehdi. Sie war immer noch erstaunt über die Illusionen, die auf den Trümmern ihres Volks erbaut wurden, Geschichten, die andere Völker sich aneigneten oder auslöschten, und ebenso darüber, dass beispielsweise die *Dau* aus anderen Ländern stammte. Ihr fehlte das Vokabular, und die Furcht vor dem Unvermögen, zu erklären, zurückzuerobern und wieder in Besitz zu nehmen, war ihr mittlerweile vertraut. Sie versuchte von der Poesie des Lebens auf See zu erzählen, von den endlos wechselnden Gezeiten, die ihr Volk in andere Welten trugen – als Händler, Suchende, Lehrer, Seefahrer, Schiffsbauer, Archivare und Forschungsreisende –, und von denen, die zurückkehrten.

„Sklaven“, fügte Ari hinzu.

Aus dem Englischen von Simone Jakob

Howard Hodgkin

„Indian Waves: Hill Station“, 1990/1991, handgemalte Gouache auf im Stichtiefdruck geprägtem Khadi-Papier, 71,4 mal 92,4 Zentimeter, Courtesy Gagosian Gallery, London

„Fahr mal langsam, ich hör was"

Der Hamburger Ingo Werth engagiert sich in der zivilen Seenotrettung, betreibt den Verein Resqship und rettet mit dem Motorsegler „Nadir" Geflüchtete aus dem Mittelmeer. Wie laufen solche Einsätze ab? Wie schätzt er die aktuelle Lage ein? Und was denkt er über die Tragödie vor Griechenland im Juni?

Interview: Andrea Walter Fotos: Heike Ollertz

Mare: *Herr Werth, als am frühen Morgen des 14. Juni 2023 der Fischkutter mit mehr als 700 Geflüchteten an Bord vor der griechischen Küste sank, waren Sie samt siebenköpfiger Crew gerade an Bord der „Nadir" im Einsatz auf dem zentralen Mittelmeer. Was ging in Ihnen vor, als Sie von der Katastrophe hörten?*

Ingo Werth: Wir haben erst ein paar Tage nach dem Untergang des Schiffs davon erfahren, als wir in Lampedusa anlegten. Wir waren zu der Zeit zwischen Libyen, Italien und Tunesien unterwegs, weil die meisten Flüchtenden Kurs auf Westeuropa nehmen. Daher waren wir auch viel zu weit weg von der Unglücksstelle, um helfen zu können. Aber was da passiert ist, ist furchtbar erschütternd. Wir wissen ja gar nicht, wie viele Menschen ertrunken sind – 500, vielleicht 600, darunter viele Kinder. Es macht einen wahnsinnig wütend, wie mit Menschen umgegangen wird, die vollkommen wehrlos sind. Eine Küstenwache, die sich so verhält, ist wertlos. Und das Fatale ist: Es wäre vermeidbar gewesen. Man hätte dieses Schiff ohne Probleme retten können. Wenn man es gewollt hätte. Aber das Gegenteil wurde getan. Und daran sind viele beteiligt: die griechische Küstenwache, aber auch das Frontex-Flugzeug, das keinen Notruf abgesetzt hat, obwohl es das hätte tun müssen. Das war eine Situation, die man sofort hätte auflösen müssen. Dieses vollkommen überladene Schiff war schon bei Verlassen der libyschen Küste ein Seenotfall. Das wusste Frontex, das wusste die sogenannte libysche Küstenwache, das wusste die griechische Küstenwache.

Sie waren dieses Jahr schon zweimal für einige Wochen als ziviler Seenotretter auf dem zentralen Mittelmeer unterwegs, einmal im April, zuletzt im Juni. Wie schätzen Sie die Lage dort ein?

Wir hatten noch nie so früh so viele Menschen auf dem Wasser wie dieses Jahr. Früher ging es Ende März oder Anfang April los. Inzwischen legen die Boote auch den ganzen Winter über ab, wenn die See ruhig ist. Allein in den Ostertagen waren dieses Jahr 45 Flüchtlingsboote unterwegs. Viele kamen aus eigener Kraft in Lampedusa an, aber etwa die Hälfte geriet in Seenot. Wer soll die retten? Wir haben uns um sechs Boote gekümmert, die italienische Küstenwache um den Rest. Zu diesem Zeitpunkt waren wir oft das einzige NGO-Schiff in der Gegend. Bei unserem Einsatz im Juni haben wir 14 oder 15 Boote betreut, insgesamt waren das 550 bis 600 Leute. Es gab Tage, da kamen auf Lampedusa täglich 1000 bis 1500 Menschen an. Das ist Wahnsinn.

Die Crew Ihres Vereins Resqship fährt in der Regel dreiwöchige Einsätze. Was für ein Schiff ist die „Nadir"?

Die „Nadir" ist das kleinste Schiff der ganzen Flotte, das als Beobachtungsschiff in der privaten Seenotrettung auf dem Mittelmeer unterwegs ist. Es ist ein Motorsegler, 19 Meter lang, knapp fünf Meter breit, ein Zweimaster. Das Schiff

Linke Seite **Geflüchtete auf dem Vordeck der „Nadir". Vier Tage werden vergehen, bis die Resqship-Crew von Italien einen „Port of Safety" genannt bekommt. Dann darf sie die Menschen in den Hafen von Lampedusa bringen.**
Oben **Aus Seenot gerettete junge Männer aus Bangladesch schlafen unter Rettungsdecken.** *Unten* **Holzboot mit 70 Menschen an Bord, manövrierunfähig im zentralen Mittelmeer**

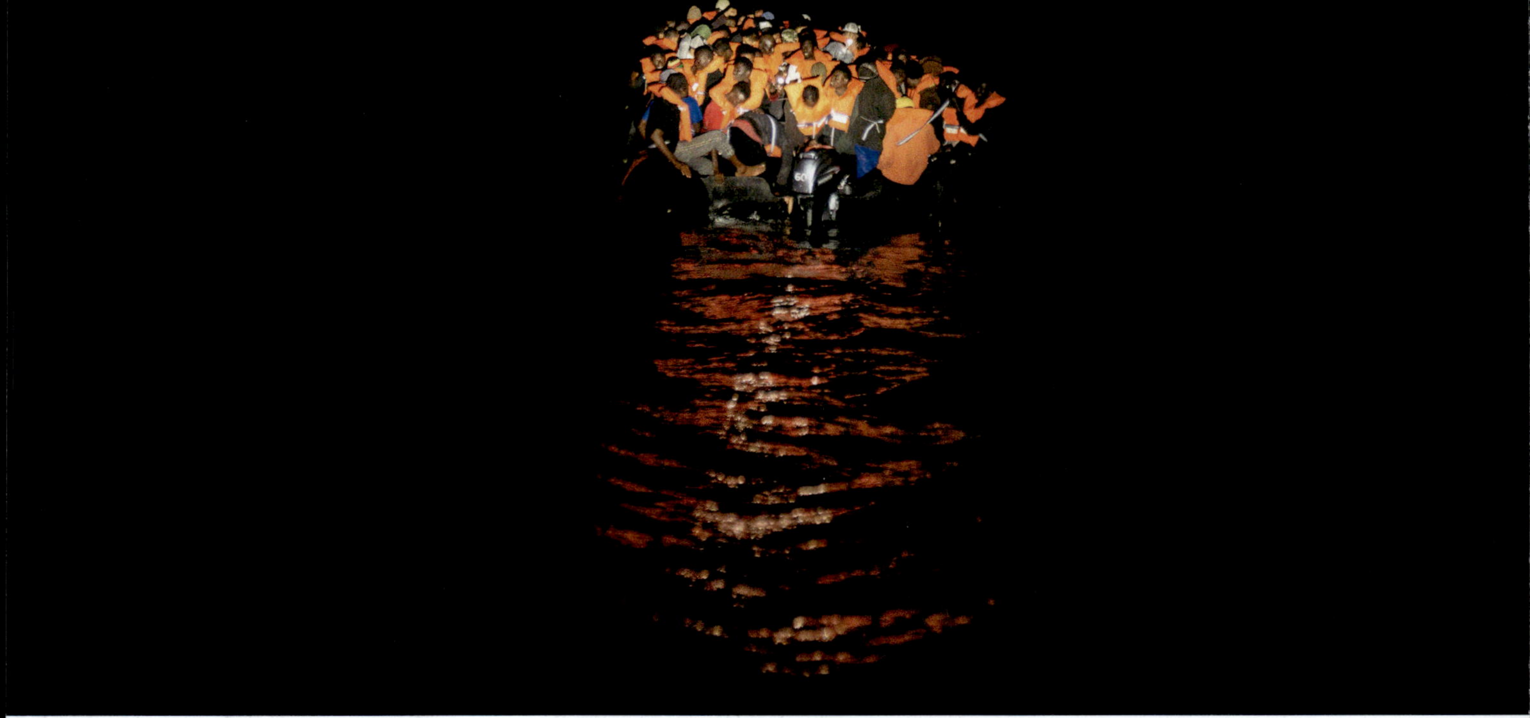

Oben **95 Personen, erleichtert, nachdem sie von den Seenotrettern zunächst mit Rettungswesten versorgt worden sind.**
Unten **Eine Wärmebildkamera hilft bei der Suche in der Nacht**

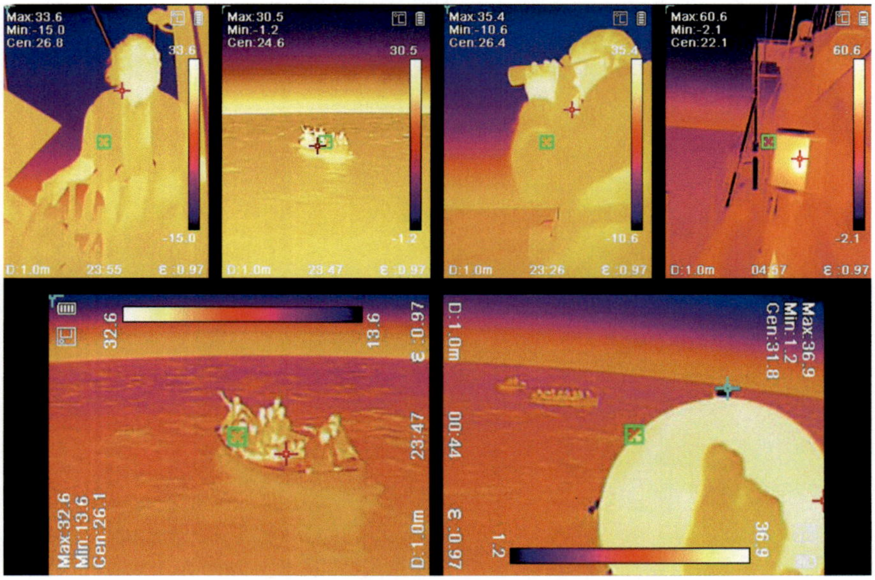

startet von Malta aus. Von dort segeln wir los Richtung Lampedusa. Bei Rettungseinsätzen fahren wir allerdings mit Maschine. Am besten hole ich mal eine Karte ... (Ingo Werth – Jahrgang 1959, in blauem Poloshirt mit einem Segelschiff darauf, unter dem „Nadir Crew" steht – holt eine Seekarte, die Libyens und Tunesiens Küstenlinie und das zentrale Mittelmeer zeigt. Er breitet sie auf dem Holztisch im Wintergarten seines Hauses in Hamburg-Lohbrügge aus, wo das Interview stattfindet. Erst zeigt er auf Libyen, dann auf die Hafenstadt Sfax in Tunesien.) In Sfax gehen momentan die meisten Routen los.

In Tunesien? Nicht mehr in Libyen?

In Libyen starten vornehmlich die großen Schiffe, mit 400 oder 600 Leuten an Bord, wie der Fischkutter, der vor der griechischen Küste sank. Diese großen Schiffe kommen meist aus dem Osten Libyens, aus der Gegend um Bengasi oder eben aus Tobruk, wie der Fischkutter mit den über 700 Menschen an Bord. Zuletzt starteten aber auch wieder ganz kleine Boote aus dem Westen Libyens. Doch der Hauptverkehr, um den wir uns kümmern, steuert zurzeit von Sfax aus auf Lampedusa zu.

Weil es der kürzere Seeweg ist?

Das hat verschiedene Gründe. Zum einen brauchen Menschen aus der Subsahara für Tunesien kein Visum. Zum anderen haben sie Angst vor der sogenannten libyschen Küstenwache. Die fangen ja in ihrem Gebiet bis zum 34. Breitengrad Nord viele Boote ab und treiben da ein übles Unwesen. Sie bringen die Migranten zurück in die Gefangenenlager, in denen ihnen Folter, Vergewaltigung und Mangelernährung drohen. Für die Menschen eine Katastrophe. Aber auch in Tunesien ist die Situation zurzeit schlimm. Der Arabische Frühling ist gekippt. Die haben Riesenprobleme: heftige Inflation, enorme Arbeitslosigkeit. Es gibt in Tunesien viele Arbeiter aus der Subsahara. Die werden in solch einer schwierigen wirtschaftlichen Lage natürlich als Erste entlassen. Sie verlieren dann aber nicht nur ihre Arbeit, sondern auch ihr Obdach. Außerdem werden sie angefeindet. Es gibt einen unglaublichen Rassismus in Tunesien und Libyen. Momentan kommen wieder bedrückende Hilferufe aus beiden Ländern.

Woher kommen die Geflüchteten derzeit?

Wir hatten Menschen aus der Subsahara an Bord: von der Elfenbeinküste, aus Gambia, Kamerun, dem Kongo. Es kommen aber auch viele aus Bangladesch. Die Bangladescher werden meist mit Arbeits- und Geldversprechen von Libyern angeworben. Die Familien legen dann zusammen und zahlen ihren Angehörigen den Flug nach Tripolis. Doch dann nehmen die Leute, die sie angeworben haben, ihnen in Libyen die Pässe ab, und sie werden praktisch zu Sklaven. Um dem zu entkommen, sehen sie nur noch die Chance, auf ein Boot zu steigen. Sie kommen meist in Gruppen. Aber auch Tunesier verlassen ihr Land und bleiben meist unter sich. Sie fahren meist mit Holzbooten, nicht mit Eisenbooten. Damit schicken die Schlepper oder Logistiker meist die Leute aus der Subsahara los.

Wie laufen die Einsätze der „Nadir" ab?

Wir sind ein Beobachtungsschiff – das heißt, wir beobachten die Flüchtlingsbewegungen in erster Linie. Wir sind aber so ausgerüstet, dass wir jederzeit helfen können. Im Notfall nehmen wir Leute an Bord und können maximal 80 bis 90 Personen transportieren. Aber das wollen wir eigentlich gar nicht. Wir wollen den Flüchtlingsbooten vor allem beistehen, die Menschen mit Schwimmwesten, Nahrungsmitteln und Wasser versorgen und gucken, ob es möglich ist, dass die italienische Küstenwache kommt, um die Menschen nach Lampedusa zu bringen.

Das Verhältnis zur italienischen Küstenwache ist also gut?

Ja, und es ist fast auf Augenhöhe. Man muss unterscheiden zwischen der italienischen Regierung und der Küstenwache. Die Küstenwache ist sehr engagiert. Sie funken uns inzwischen bei Notfällen auch mal an und fragen: „Könnt ihr dahin fahren? Wir haben gerade einen anderen Fall." Das ist ja ein Zeichen, dass denen nicht egal ist, was auf dem Meer passiert, und dass sie auch Vertrauen haben in das, was wir tun. Ich kann ja mal ein Beispiel aus dem Frühjahr erzählen, das gut beschreibt, was wir auf dem Meer so erleben. An Ostern lagen wir ungefähr hier. (Werth zeigt auf einen Punkt zwischen den Kerkennah-Inseln vor der Küste Tunesiens und Lampedusa.) Wenn die Boote in Sfax ablegen, werden sie zunächst meist von Fischern begleitet.

Die tunesischen Fischer helfen den Flüchtenden?

Sie kassieren dafür ab – es ist eine Dienstleistung. Das haben früher auch libysche Fischer so gemacht. Sie begleiten die Boote durch die heimischen Gewässer und rufen dann über Funk die italienische Küstenwache. Wir waren Ostersamstag und in der Nacht zu Ostersonntag östlich der Kerkennah-Inseln unterwegs und haben sechs, sieben Boote mit Rettungswesten versorgt. Dann kam jeweils die italienische Küstenwache, holte die Leute ab und brachte sie nach Lampedusa. Gegen 1.30 Uhr legte die „Nadir"-Crew sich schlafen. Ich hatte Wache, als ein Schnellboot der italienischen Küstenwache angefahren kam, sich längsseits legte und mir zurief: „Wo ist das Migrantenboot?" Ich sagte: „Das letzte habt ihr vor zwei Stunden bei uns abgeholt." – „Hier muss irgendwo ein Boot sein", riefen sie und fuhren weiter. Bald darauf meldete ein tunesischer Fischer über Funk, dass ein Boot in Seenot sei. Direkt danach, um 3.30 Uhr, kontaktierte uns die italienische Küstenwache über Funk und fragte, ob wir helfen könnten. Das Boot war zu dem Zeitpunkt schon untergegangen. Um die 40 Leute schwammen sieben Seemeilen entfernt im Wasser. Ich weckte die Crew. Um 3.38 Uhr fuhren wir los. Ich wusste, wir würden ungefähr eine Stunde brauchen, um dort zu sein.

Es war also klar, dass manche der Schiffbrüchigen nicht mehr leben würden, wenn die „Nadir" die Unglücksstelle erreicht?

Ja, das war auch so. Wenn in Eisenboote eine Welle einsteigt, sinken die wie Steine. Die Leute auf solchen Booten haben meist nicht einmal Rettungswesten. 95 Prozent können nicht schwimmen. Die Hälfte von ihnen hatte aber Schläuche aus Autoreifen. Damit hatten sie eine Chance zu überleben. Das Wasser hatte um die 15 Grad. Bei der Tem-

peratur hält man ungefähr zwei Stunden aus. Dann werden die Leute bewusstlos und ertrinken.

Wie ging es weiter?
Nach einer Dreiviertelstunde Fahrt rief der Wachposten am Bug: „Fahr mal langsam. Ich hör was!“ Plötzlich tönte es von überall: „Alert, alert! Help, help!“ Der Wind hatte die Schiffbrüchigen weit auseinandergetrieben. Es war dunkel. Wir mussten die Leute erst einmal finden. Wir ließen unser Beiboot ins Wasser. An Deck der „Nadir“ standen zwei Leute mit Scheinwerfern, die das Meer absuchten. Als wir die ersten Überlebenden erreichten, warfen wir Schwimmwesten ins Wasser und Centyfloats, das sind aufblasbare Schläuche mit Leinen daran, woran sie sich festhalten konnten. Dann fingen wir an, sie über eine Leiter an Deck zu ziehen. Die meisten waren völlig am Ende. Wenn sie beim Hochziehen allerdings nicht mehr mithelfen können, sind sie so schwer zu bergen, dass man manchmal drei Leute braucht, um sie an Bord zu bekommen. Hat man einen Toten dazwischen, ist es besonders schwierig.

Das war der Fall?
Es war jemand dabei, den wir an Bord zogen und versuchten, wiederzubeleben. Aber es gelang nicht mehr. Was macht man dann? Wir werfen so jemanden ja nicht wieder über Bord. Wir haben den Toten in eine Rettungsfolie eingewickelt und an die Seite gelegt. Es ist natürlich immer eine Katastrophe, wenn jemand stirbt, am meisten für die Hinterbliebenen. Wir konnten in dieser Nacht aber auch 22 Menschen lebend bergen.

Ist die „Nadir“ dann auf Lampedusa zugesteuert?
Als es heller wurde, sind wir noch mal Suchmuster gefahren. Dabei entdeckten wir einen Reifen, in dem noch jemand lag. Es war der Mann einer Frau, die wir schon an Bord hatten. Aber er lebte nicht mehr. Auch ihn haben wir mitgenommen. Ich finde, das sind wir den Menschen schuldig. Wenn niemand an Bord ist, der einen Verunglückten identifizieren kann, versuchen wir das zu tun. Wir suchen nach besonderen Körpermerkmalen oder Tätowierungen und machen Fotos. Auf Sizilien gibt es eine Gruppe vom Roten Kreuz, die den Menschen in Afrika diese Fotos über das Internet zugänglich macht, damit die Angehörigen in den Heimatorten zumindest Gewissheit haben. Was wir allerdings nicht machen, ist, Wasserleichen mitzunehmen. Dafür ist unser Schiff zu klein und wir haben keine Kühlmöglichkeit. Wasserleichen waren in der Regel schon ein paar Tage unter Wasser, haben Faulgase entwickelt und sind wieder hochgekommen. Sie sind dann aufgedunsen und riechen unerträglich. Ohne Maske mit ätherischen Ölen hält man das nicht aus. Wenn wir Wasserleichen sehen, markieren wir sie mit einer Rettungsweste und geben der Küstenwache oder anderen Schiffen die Position durch, damit sie sie abholen können. ➢

Linke Seite **Gemeinsam mit dem Seenotretterschiff „Louise Michel" (im Bild) birgt die „Nadir" Menschen aus dem Mittelmeer.** *Oben* **19 Personen auf einem kippligen Boot: Drei Kinder, eine schwangere Frau und 15 erwachsene Männer waren drei Tage zuvor von Zarzis in Tunesien gestartet.** *Unten* **Gummireifen an Deck eines zurückgelassenen Holzboots**

War die „Nadir" in jener Nacht das einzige Schiff an der Unglückstelle?
Ja, die Küstenwache hatte uns ja gebeten zu übernehmen. Es waren in der Nacht aber auch sechs tunesische Fischer in der Nähe. Die haben aus kurzer Distanz zugeschaut, wie wir die Leute eingesammelt haben, und unseren Mayday-Notruf ignoriert. Drei Wochen später allerdings hat eine unserer Crews erlebt, dass drei tunesische Fischerboote 37 Menschen gerettet haben, deren Boot zuvor untergegangen war. Sie sind mit ihnen Richtung Tunesien gefahren. Was dann mit ihnen passiert ist, wissen wir nicht.

Wie ging es weiter mit den Geretteten an Bord?
Wir baten die Küstenwache in Lampedusa um ein Boot, das sie abholt. Die Stimmung an Bord war sehr gedämpft. Holt man Menschen trocken aus einem Boot, ist die Stimmung oft hoffnungsvoll. Hier waren alle nass, die Hälfte der Gruppe war ertrunken. Wir hatten auch eine Frau dabei, die ungefähr in der 30. Woche schwanger war, die war völlig fertig. Aber die Küstenwache war beschäftigt, also sind wir selbst nach Lampedusa gefahren, was sehr viel länger dauert. Die Geretteten wurden dann im Hafen von Lampedusa abgeholt. Sie kamen ins Krankenhaus, wurden untersucht und waren alle okay – auch die schwangere Frau. Außerdem wartete schon ein Leichenwagen mit zwei Särgen auf uns.

Erfahren Sie nach solchen Rettungsmanövern, was später aus den Überlebenden wurde? Wo sie gelandet sind?
Nein, nur ganz selten.

Seit über 30 Jahren führen Sie mit Ihrem Bruder und einem Freund eine Kfz-Werkstatt in Hamburg-Bergedorf. Wie kamen Sie zur Seenotrettung?
Im Herbst 2014 stellte die italienische Regierung das Rettungsprogramm „Mare Nostrum" ein, das innerhalb eines Jahres rund 150 000 Menschen gerettet hatte. Italien stand damals finanziell mit dem Rücken zur Wand. „Mare Nostrum" kostete neun Millionen Euro im Monat. Ich erinnere noch, wie Martin Schulz, damals EU-Parlamentspräsident, in einem Interview auf die Frage, ob die EU das weiterführen werde, antwortete, neun Millionen könne sich die EU nicht leisten. Das muss man sich mal vorstellen: Es hieß, alle EU-Staaten zusammen könnten nicht den Betrag aufbringen, den vorher Italien allein aufgebracht hat. Ich las damals außerdem, dass zwei heutige Freunde von mir ein Schiff gekauft hatten und es ins Mittelmeer schicken wollten. Es lag im Hamburger Hafen und war die „Sea-Watch 1". Ich war damals schon in der Flüchtlingshilfe aktiv. Außerdem hatte ich einen Hochseeschifferschein. Also fuhr ich in den Hafen und sagte: „Ich will mitmachen." Am 15. Juni 2015 fuhren wir zum ersten Mal los. Seitdem beschäftigt mich das Thema jeden Tag.

2017 haben Sie mit anderen Seenotrettern den Verein Resqship gegründet, der von Spenden lebt. Was ist Ihr Antrieb?
Wir wollen keine Menschen ertrinken lassen. Punkt. Wir leben hier auf der Sonnenseite des Planeten. Wir hatten einfach verdammtes Glück, dass wir hier geboren sind und nicht dort, wo es kein Wasser oder unerträgliche Hitze gibt. Ich finde, dass wir als Menschen eine Verpflichtung haben, zu teilen und von diesem Glück etwas abzugeben an Menschen, die dieses Glück nicht haben. Als wir angefangen haben, hatten wir außerdem die Hoffnung, so schnell wie möglich wieder überflüssig zu sein – aufgrund zweier Möglichkeiten: Die eine war, dass die staatlichen Stellen, die zum Retten verpflichtet sind, auch tatsächlich retten. Die andere und natürlich viel bessere Möglichkeit wäre gewesen, dass es die Fluchtursachen so nicht mehr gibt.

Letzteres ist nicht in Sichtweite.
Nein. Aber so geht es auch nicht weiter.

Anfang des Jahres hat die italienische Regierung unter Ministerpräsidentin Giorgia Meloni ein neues Gesetz verabschiedet, das die Praxis der zivilen Seenotrettung verändert. Was bedeutet das für die Einsätze der „Nadir" und die Arbeit anderer privater Seenotretter?
Die zivile Seenotrettung ist dadurch extrem erschwert. Früher, als ich noch auf einem größeren Rettungsschiff fuhr, haben wir mehrere Seenotfälle mitgenommen. Wenn wir beispielsweise 27 Leute aus einem Holzboot aufgenommen haben, das gerade unterging, bewegten wir uns langsam Richtung Lampedusa, hielten dabei aber weiter Ausschau. Wir hatten Kapazität für 400 Leute, also nahmen wir auch andere Seenotfälle auf. Nach dem neuen italienischen Gesetz muss die Aufnahme von Menschen unverzüglich gemeldet werden – und zwar der Seenotleitstelle in Rom, der Seenotleitstelle in Valetta und, da wir ein deutsches Schiff sind, auch der Seenotleitstelle in Bremen und dem Auswärtigen Amt. Wir machen das per Mail über unsere Satellitenanlage. Wir informieren außerdem die Küstenwache in Lampedusa. Seit Inkrafttreten des neuen Gesetzes wird den privaten Seenotrettern von der Seenotleitstelle in Rom dann ein sogenannter „Port of Safety" zugewiesen.

Der muss umgehend angelaufen werden und liegt mitunter weit im Norden.
Ja, es ist abwegig. Manche Seenotretter müssen jetzt mit einem Schiff, das Kapazität für 400 Leute hat, 1000 Seemeilen nach Norden fahren, um beispielsweise 27 Leute wegzubringen. Früher waren die Menschen auch mal eine Woche mit auf dem Schiff, wenn es ihnen gut ging. Notfälle wurden natürlich evakuiert. Aber heute muss so ein Schiff mit einer Auslastung von vielleicht acht Prozent mitunter nach Ravenna oder Ancona fahren und ist zehn bis zwölf Tage lang weg. Für die größeren Rettungsschiffe ist das zudem ein erheblicher Finanzaufwand. Die brauchen schon mal 30 Tonnen Diesel am Tag. Wenn die so weit in den Norden geschickt werden, ist es praktisch unbezahlbar. Zumal in einer Zeit, in der die Spenden nicht steigen, sondern eher sinken. Da sind wir als Segelboot noch ganz gut unterwegs. Dass wir zwischendurch segeln können, hat enorme ökonomische und nebenbei auch ökologische Vorteile. Außerdem wurde bisher akzeptiert, dass wir nicht über Lampedusa hinausfahren können, weil die Geretteten bei uns an Deck liegen und den Gewalten teils ungeschützt ausgeliefert sind.

Die größeren Schiffe dagegen sind eher wie Fähren. Denen werden die längeren Wege zugemutet.

Kapitän und NGO-Gründer Ingo Werth spricht mit der Crew auf dem Beiboot

Ja, und wer den Anweisungen nicht folgt, dem drohen Festsetzungen. Das hat es sogar schon mehrfach gegeben. Dabei ist etwa die „Geo Barents“ von Ärzte ohne Grenzen zum zugewiesenen Hafen gefahren, doch dann erhoben die italienischen Behörden andere Vorwürfe. Es hieß, sie hätten nicht ausreichend mit der Seenotleitstelle MRCC in Rom kommuniziert. Sie bekamen ein 20-tägiges Auslaufverbot, und ihnen wurde ein Bußgeld von mehreren tausend Euro verhängt. Und der „Louise Michel“ wurde vorgeworfen, dass sie unterwegs noch andere Boote eingesammelt hätte. Dabei ist man dazu verpflichtet. Fährt man irgendwo entlang und es ist jemand in Not, muss man den aufnehmen, solange man sich nicht selbst gefährdet. Das ist internationales Seegesetz. Aber in dem Moment, in dem du in Italien bist, gilt italienisches Gesetz. Das heißt, sie können machen, was sie wollen. Jetzt wehren sich allerdings drei Hilfsorganisationen gegen die Zuweisung zu weit entfernten Häfen und Festsetzungen. Als Begründung, warum ein Schiff unverzüglich den zugewiesenen Hafen anfahren und unterwegs niemanden mehr auflesen soll, wird übrigens genannt, dass die Leute, die gerettet werden, ein Anrecht darauf haben, so schnell wie möglich an Land zu kommen. Das ist perfide. Denen geht es so gut auf diesen Schiffen. Außerdem würde das ja dafür sprechen, sie nach Lampedusa oder Sizilien zu bringen.

Macht Sie das wütend? Ohnmächtig?
Ohnmächtig nicht. Aber es ist eine offene Zurschaustellung einer Abwehrhaltung – und von Rassismus. Offensichtlicher kann man nicht zeigen, dass man Seenotrettung verhindern will. Man muss allerdings fairerweise auch sagen, dass Europa nicht ganz unschuldig daran ist, dass Italien jetzt eine postfaschistische Regierung hat. Das Land wird komplett allein gelassen mit der großen Menge an Menschen, die dort jedes Jahr ankommen. Das kann nicht sein. 2022 flohen 150 177 Menschen über das Mittelmeer nach Europa, ein großer Anteil davon nach Italien. Würde man die Menschen auf die europäischen Staaten verteilen, gäbe es kein Problem.

Auch das deutsche Bundesverkehrsministerium kündigte Anfang des Jahres an, die sogenannte Schiffssicherheitsverordnung zu ändern. Was bedeutet das für die „Nadir“?
Ein Schiff wie die „Nadir“ ist als Sportboot registriert. Nach der neuen Verordnung sollen Schiffe, die zu ökologischen, religiösen, humanitären oder politischen Aktivitäten eingesetzt werden, aber künftig nicht mehr zum Freizeitbereich zählen. Das Verkehrsministerium hat mit uns Kontakt aufgenommen. Vieles ist noch unklar. Aber vermutlich wird eine neue Zertifizierung uns viel Geld kosten, und es ist fraglich, ob wir alle Anforderungen umsetzen können. Das Ministerium gibt vor, mit der neuen Verordnung die Sicherheit auf den Schiffen zu erhöhen. Es hat aber seit 2015 keinen einzigen Fall im Mittelmeer gegeben, bei dem ein Crewmitglied bei der Rettung von Menschenleben auf einem Sportboot verletzt oder getötet wurde. Deshalb sehe ich es schon so, dass mit Verordnungen wie dieser versucht wird, kleinere Schiffe wie unsere an die Kette zu legen. Ich werte die neue Sicherheitsbestimmung daher als den deutschen Beitrag zur Migrantenabwehr.

Im Juni verständigten sich die EU-Innenminister zudem auf eine grundlegende Reform des Asylsystems, die unter anderem beinhaltet, Asylverfahren an Europas Außengrenzen durchzuführen. Wie schätzen Sie das ein?
Dazu ist eigentlich nicht mehr viel anderes zu sagen als: Festung Europa. Es wird alles dafür getan, um Europa abzuschotten und keinen Zugang zu gewähren. Und es spielen alle mit.

Andrea Walter, Jahrgang 1976, befasste sich schon einmal mit dem Thema Flucht, als sie über den Gedenkfriedhof schrieb, der im süditalienischen Dorf Tarsia für die Menschen errichtet werden sollte, die ihre Flucht über das Mittelmeer nicht überlebt hatten (mare No. 133).
Heike Ollertz, Jahrgang 1967, ist mare-Fotografin der ersten Stunde und lebt in Hamburg. Zwei Wochen lang begleitete und dokumentierte sie im Mittelmeer sieben Einsätze der „Nadir“. Dabei konnten 278 in Seenot geratene Menschen in Sicherheit gebracht werden. Für das kommende Jahr plant sie weitere Einsätze mit dem Resqship.

Müssen Geflüchtete aus Seenot gerettet werden?

Die Antwort liegt auch ohne Rechtskenntnisse aus humanitären Gründen auf der Hand. Und doch wird diese Frage gestellt. Eine Seerechtlerin antwortet

Von Nele Matz-Lück

Der Mensch nutzt das Meer seit Jahrhunderten, um sich darauf fortzubewegen. Manchmal nur, um in die nächste Bucht zu gelangen. In der Vergangenheit auch, um vermeintlich unbewohntes Land für eine westliche Krone zu unterwerfen. Außerdem führen Menschen Kriege auf dem Meer, sie forschen, treiben Handel und begeben sich hinaus zum Vergnügen oder zur Flucht. Zwischen dem, was wir – nicht unproblematisch – das „Zeitalter der Entdeckungen" des 15. und 16. Jahrhunderts nennen, und der Kreuzfahrtindustrie unserer Zeit haben Menschen den Weg über das Meer immer genutzt, um sich vor Unterdrückung, Verfolgung, bewaffneten Konflikten und Hungersnot zu retten. Teilweise einzeln, teilweise in Wellen und zu Tausenden verlassen Frauen, Männer und Kinder ihre Heimat, um von einer oftmals weit entfernten Küste aus über das Meer zu fliehen.

Die Gründe sind vielfältig, häufig vermischen sie sich. Der Klimawandel, die damit verbundenen Dürren, Überflutungen und Wetterereignisse, sich verschärfende Konflikte über Wasser, Weide- und Ackerland tragen auch zukünftig dazu bei, dass Menschen sich auf das Meer begeben. Doch dieser Weg ist gefährlich. Die hohe Zahl der ertrunkenen und vermissten Menschen ist eindeutig. Die Internationale Organisation für Migration zählt für das Mittelmeer über 26 000 Menschen in der Rubrik „dead/missing" seit dem Jahr 2014. Zu den weiteren Fluchtbewegungen über das Meer gehören der Weg von Kuba nach Florida, die vietnamesischen *boat people* der 1970er- und 1980er-Jahre, die Flucht der Rohingya aus Myanmar und Bangladesch in andere asiatische Staaten sowie weltweite Migration mit dem fast aussichtslosen Ziel, Australien als Zufluchtsort auf dem Seeweg zu erreichen.

Müssen Menschen aus Seenot gerettet werden? Die Antwort liegt auch ohne Rechtskenntnisse aus humanitären Gründen auf der Hand. Und doch wird diese Frage gestellt. Nicht, wenn der Kapitän eines Kreuzfahrtschiffs einen Felsen rammt und sein Schiff manövrierunfähig zur Seite kippt. Aber dann, wenn Menschen sich Schleppern anvertrauen und in der Dunkelheit der libyschen Küste ein überfülltes Schlauchboot besteigen. Sie hätten zur Seenot beigetragen und seien daher weniger schutzwürdig, heißt es in einigen Medien. Das internationale Seerecht fragt hingegen nicht nach dem Beitrag der in Not befindlichen Personen zu ihrer Situation und auch nicht nach ihrem Pass oder Status.

Das Internationale Übereinkommen über Seenotrettung hebt dies in Bestimmung 2.1.10 hervor. Wer als Kapitänin oder Kapitän eines Schiffs auf See eine Notlage vorfindet, muss retten. Art. 98 Abs. 1 des Seerechtsübereinkommens (SRÜ) ist da ganz eindeutig. Diese Pflicht formulieren internationale Verträge bereits seit dem frühen 20. Jahrhundert. Dazu gehört auch das Übereinkommen zum Schutz des menschlichen Lebens auf See, das die Pflicht zur Rettung in Kapitel V Regelung 10 aufgenommen hat.

Einen frühen Vorläufer dieses Vertrags entwarfen die Staaten bereits 1914 als Reaktion auf den Untergang der RMS „Titanic". Die Rettungspflicht gilt universell für alle Flaggenstaaten, ist in den nationalen (Straf-)Gesetzen verankert. § 2 der Verordnung über die Sicherung der Seefahrt verpflichtet deutsche Schiffe zur Seenotrettung. Wird die Pflicht verletzt, kann dies in Deutschland als unterlassene Hilfeleistung nach § 323c Abs. 1 StGB grundsätzlich auch strafbar sein.

Die Situation im Mittelmeer hat einige neue rechtliche Fragen aufscheinen lassen. Darf ein privates Rettungsschiff auf Hoher See auf Seenotfälle warten? Hilft es den Schleppern, wenn es auf Lichtzeichen reagiert? Darf nur die libysche Küstenwache in der libyschen Rettungszone tätig sein? Die Freiheit der Hohen See lässt private Seenotmissionen, einschließlich des Wartens auf Unglücksfälle, grundsätzlich zu. Die Ausweisung einer Rettungszone nach den Bestimmungen des Internationalen Übereinkommens über Seenotrettung ändert daran nichts.

Die nationalen Gerichte der Staaten, in denen gerettete Menschen ausgeschifft werden, sehen die Frage der Beihilfe zur Schlepperei aber unterschiedlich. Notwendig geworden sind private Rettungsschiffe vor allem deshalb, weil staatliche Programme eingestellt worden sind, in dem Irrglauben, schlechtere Aussichten auf Rettung würde Menschen, die einen halben Kontinent durchquert und das gesamte Vermögen ihrer Familie an Kriminelle bezahlt haben, davon abhalten, ein wackeliges Boot zu besteigen.

Ob ein Staat seine Häfen schließen darf, wird angesichts der Häufigkeit und Brisanz vermehrt diskutiert, auch wenn die Problematik als solche nicht neu ist. Ein Rettungseinsatz ist zwar erst abgeschlossen, wenn die geretteten Menschen an einen sicheren Ort gebracht worden sind. Das internationale Recht kennt aber

Die Internationale Organisation für Migration zählt für das Mittelmeer über 26 000 Menschen in der Rubrik „dead/missing" seit dem Jahr 2014

keine verbindliche Pflicht eines bestimmten Staats zur Aufnahme. Daraus folgt, dass Schiffe teilweise wochenlang vor Häfen warten oder von Hafen zu Hafen irren, bis sich einige von ihnen schließlich selbst in einer Notlage befinden. Teilweise müssen sie sich dann auf der Grundlage eines nicht klar definierten nur gewohnheitsrechtlich verbürgten Nothafenrechts Zugang zum Hafen verschaffen, um die Sicherheit von Schiff, Crew und Passagieren zu gewährleisten.

Ein Recht auf Ausschiffung der geretteten Menschen geht damit nicht automatisch einher, wenngleich der Hafenstaat zumeist einlenkt. Die Situation privater Seenotrettung ist besonders prekär, wenn nationale Erlasse versuchen, diese Tätigkeit zu verhindern, und die Verantwortlichen sich einem erhöhten Risiko strafrechtlicher Verfolgung aussetzen. Nationale Regierungen der Mittelmeeranrainer lassen sich zudem immer neue Hindernisse einfallen, um den Betrieb privater Rettungsschiffe zu erschweren.

Unerklärlich erscheint eine neue italienische Regelung aus dem Februar 2023, die Rettungsmissionen auf einen Einsatz je Schiff beschränkt und Strafen vorsieht, wenn ein privates Schiff mit geretteten Menschen an Bord auf dem Weg zu einem sicheren Hafen weitere Personen aus einer Notlage rettet. Ein nationales Dekret kann die internationale Pflicht zur Seenotrettung zwar nicht aufheben, es bringt die Kapitänin oder den Kapitän des Schiffs aber in eine missliche Lage, wenn Behörden vor Ort Bußgelder verhängen oder Schiffe festsetzen. Das europäische Asylrecht fördert außerdem nicht gerade die Bereitschaft der Mittelmeeranrainer, ihre Häfen für die Ausschiffung zu öffnen. Grundsätzlich sind es nämlich nach der sogenannten „Dublin III“-Verordnung der EU die Staaten, in denen flüchtende Menschen zum ersten Mal den Boden eines EU-Mitgliedstaats betreten, die verantwortlich sind für die Durchführung der Verfahren und gegebenenfalls die Rückführung.

Wer als Kapitänin oder Kapitän eines Schiffs auf See eine Notlage vorfindet, muss retten. Art. 98 Abs. 1 des Seerechtsübereinkommens ist da ganz eindeutig

Schließlich gibt es Fälle, in denen staatliche Schiffe der Küstenwache Flüchtlingsboote abdrängen, auf die Hohe See zurückschleppen oder nach Libyen bringen. Diese Praktiken brechen mit verbindlichen Menschenrechtsgarantien, denen sich alle europäischen Staaten verpflichtet haben, zum Beispiel mit dem Zurückweisungsverbot der Genfer Flüchtlingskonvention oder mit Artikel 3 der Europäischen Menschenrechtskonvention. Letzterer verbietet Folter, unmenschliche oder erniedrigende Behandlung und ist auch dann einschlägig, wenn staatliche Stellen Personen bewusst der Gefahr einer solchen Behandlung außerhalb der eigenen Grenzen aussetzen. Ein sicherer Ort für den Abschluss einer Rettungsmission ist außerdem mehr als nur trockener Boden, und gerade Libyen entspricht in vielerlei Hinsicht nicht den Ansprüchen menschenwürdiger Standards.

Sicher ist, dass sich zukünftig noch mehr Menschen auf den Weg über das Meer in eine vermeintlich bessere Zukunft aufmachen. Das gilt besonders für Europa. Hier können die EU-Mitgliedstaaten durch ein gerechteres Asyl- und Flüchtlingsrecht, die geregelte Zuwanderung und staatliche Seenotrettungsmissionen die Gesamtsituation verbessern, die Zahl der Todesfälle senken und das unwürdige Geschacher um die Aufnahme geretteter Menschen, die vor einem Hafen festsitzen, beenden.

Nele Matz-Lück, Jahrgang 1973, ist Professorin für Seerecht. Das Thema der Seenotrettung liegt ihr besonders am Herzen, weil sie die Verzweiflung derer, die bei Nacht und Wellengang sich und ihre Kinder in ein wackeliges Boot setzen, zum Glück nicht selbst erfahren musste, aber mitfühlen kann und glaubt, dass die Welt mehr Mitgefühl gut vertragen kann.

Warum Nimmerland am Meer liegt

Der Traum vom Nicht-erwachsen-Werden, er ist eng mit dem Meer verknüpft. Das Nimmerland des Peter Pan kann nur als eine Insel mit unendlichen Stränden funktionieren

Von Alexander Kohlmann

Wer einmal die Dünenstrasse vor Corralejo auf Fuerteventura entlangfährt und an einer der kleinen Buchten für einen Badeaufenthalt im türkisfarbenen Atlantik stoppt, der kommt gar nicht umhin, sich mit dem Phänomen des Wellensurfens auseinanderzusetzen, selbst dann, wenn er noch nie auf einem Brett gestanden hat. Es gibt kaum eine Sportart, die sich gegensätzlicher verhält zu unserer auf Effizienz, Selbstoptimierung und Verfügbarkeit getrimmten Gesellschaft. Wer surft, verbringt nahezu 90 Prozent seiner Zeit auf dem Bauch liegend, mit den Armen im Salzwasser paddelnd und wartend. Wartend auf den einen Moment, in dem es gelingt, von der perfekten Welle mitgenommen zu werden, sich aufzurichten und für wenige Momente den Ozean zu bereiten. Einen Ozean, der immer gewinnt, was den Spaß aber nicht mindert.

Denn um nichts anderes geht es beim Wellenreiten, um die Sehnsucht nach Erfüllung und Vergnügen, einem Vergnügen, das nach Möglichkeit endlos währt und niemals unterbrochen wird von den lästigen Dingen des Erwachsenenlebens wie Steuererklärungen, Rechnungen oder schlicht dem Ende des Urlaubs.

Was zum Beispiel in dem Hollywoodfilm „Point Break" (USA, 1991) so wunderbar in Szene gesetzt worden ist, erinnert an eine Parallelwelt, in der erwachsene Menschen nichts anderes tun, als den Wellen und der Wärme hinterherzureisen und in einem endlosen Sommer ihr Leben zu verbringen, während andere arbeiten und nach gesellschaftlicher Anerkennung streben, Häuser bauen und Familien gründen und langsam, aber sicher älter werden.

Es entspricht dem popkulturellen Bild des Surfers, dass er während der Ausübung seiner Passion praktisch nichts außer seinem Neoprenanzug am Körper trägt, aus der Perspektive von Außenstehenden häufig halb nackt am Strand herumlungert, abends an einem Lagerfeuer sitzt und sich nicht lange mit festen Bindungen und romantischen Zweierbeziehungen aufhält. In einem klapprigen bunten Bus permanent unterwegs, fernab aller zivilisatorischen Unbilden, lebt er nur für den Augenblick, ohne Störungen, Untiefen und schwierige Entscheidungen.

Es ist ein Leben im Bademantel des kleinen Kinds, der unter anderem im einzigartigen Kleidungsstück des Surfponchos eine würdige Entsprechung gefunden hat. Menschen in solchen Ponchos sieht man überall an den Surfspots dieser Welt. Nach dem Vergnügen stehen sie eingemummelt und wohlig warm in diesem den Körper umschließenden Frotteehandtuch mit der ins Gesicht hängenden Kapuze, stapfen durch die heranrollende, die Füße umspielende Brandung und gucken glücklich auf den Ozean, den sie gerade eben noch bezwingen wollten.

In einer Welt, in der eben jener Surfponcho das einzig legitime Kleidungsstück für ein endloses Leben im Rhythmus der Gezeiten ist, verschwimmen die Altersgrenzen der verschiedenen Generationen zugunsten einer gemeinsamen Sehnsucht nach dem Glücksgefühl ohne Verpflichtungen und dem Vergessen der Anforderungen des Lebens, wie es sie außerhalb dieses Orts an uns alle stellt.

In der Popkultur, in Büchern und Filmen und nicht zuletzt in der Musik der legendären Beach Boys bis zum hawaiianischen Songwriter Jack Johnson ist Surfen zum Inbegriff geworden für ein Leben der ewigen Ungebundenheit, einer Lebensform, die zudem frappierend an einen Traum erinnert, der schon vor mehr als 100 Jahren von dem britischen Schriftsteller J. M. Barrie in ein Theaterstück verwandelt worden ist, „Peter Pan", das die sehr erwachsene Vision von der ewigen Kindheit in eine faszinierende Topografie verwandelt hat. Eine Topografie, die mit dem Phänomen der Surfkultur nicht nur den Ort gemein hat, an dem der Traum vom Nicht-erwachsen-Werden möglich werden kann. Denn natürlich ist das Neverland (deutsch: „Nimmerland") des Titelhelden Peter Pan nichts anderes als eine Insel mit endlosen Stränden, an denen, wer will, Abenteuer mit sich selbst erleben kann.

Barries Kinderstück mit dem Untertitel „The Boy Who Wouldn't Grow Up" („Der Junge, der nicht erwachsen werden wollte") aus dem Jahr 1904 begeistert Menschen auf der ganzen Welt bis heute und zählt zu den meistgespielten Familiengeschichten, nicht nur auf den englischen Bühnen. Es spielt auf faszinierende Weise vor allem mit den Sehnsüchten seiner erwachsenen Zuschauerinnen und Zuschauer, vielleicht, weil es auch von einer Schattenseite der menschlichen Existenz erzählt, die wiederum nur diese Volljährigen verstehen können. Denn Peter Pans Neverland wäre nicht Neverland ohne den Piratenkapitän Hook, der in Angst lebt vor einem Krokodil, in dessen Bauch eine Uhr unheilvoll tickt.

Es ist diese Uhr, die Hook als gealterte Version des kleinen Jungen in den Wahnsinn treibt, als ein selbst über das Rauschen der Brandung hinweg nicht zu überhörender Hinweis auf die

In einer Welt, in der ein Surfponcho das einzig legitime Kleidungsstück für ein endloses Leben im Rhythmus der Gezeiten ist, verschwimmen die Altersgrenzen der verschiedenen Generationen zugunsten einer gemeinsamen Sehnsucht nach dem Glücksgefühl ohne Verpflichtungen und dem Vergessen der Anforderungen des Lebens, wie es sie außerhalb dieses Orts an uns alle stellt.

eigene Vergänglichkeit. Das Krokodil, das Hook zu fressen droht, ist das finale Ende des Lebens im Kinderparadies. Auch wer sich dem Erwachsenwerden verweigert, wird schlussendlich gefressen, erzählt diese Figur – oder, in anderen Worten: Nutze die Zeit im Paradies, denn sie ist endlich.

Diese Erkenntnis allerdings ist jungen Menschen eher abgängig, so auch Peter Pan, der mit seinen Freunden Wendy, Michael und John durch diese Zauberwelt fliegt, als gäbe es kein Morgen, und im Kampf mit Kapitän Hook sein Alter Ego zu einem Duell herausfordert, das er im Grunde nicht gewinnen kann.

Es sind diese Herausforderungen, mit denen auch die nicht alternden Abenteurer an den Stränden dieser Welt sich selbst ihre ewige Jugend beweisen wollen und damit immer wieder scheitern. Die verschwundenen Windsurfer und von den Wellen verschluckten Extremsportler wären so gesehen allesamt auf einer Suche und haben, folgt man Barries Allegorie, im Neverland ein Krokodil gefunden, mit dem Namen Sterblichkeit.

Denn der Traum vom ewigen Kindsein ist nur auf den ersten Blick eine romantische Idee. Kindsein funktioniert nur dann, wenn es andere, eben die Nichtkinder, gibt, die Verantwortung übernehmen für die Dinge, die das Kind nicht sieht. Auch der größte Kindskopf freut sich, wenn ihn die Seenotrettung aus dem stürmischen Meer zieht, Menschen, die organisiert sind und Verantwortung übernehmen, die das Schicksal nicht herausfordern, sondern diejenigen retten, die genau das tun. Das Handeln der ewigen Abenteurer geht dabei nicht selten auf Kosten der anderen Dinge in ihrem Leben, die diejenigen Menschen am Boden halten, die nicht auf dem ewigen Abflug sind, hinein in die Wellen der Brandung oder ins Neverland.

Der in der populären Psychologie häufig besprochene Peter-Pan-Komplex beschreibt eine Haltung von Menschen – in der überwiegenden Mehrzahl von Männern –, die einer funktionierenden Partnerschaft im Weg steht. Denn: Immer nur ein Partner kann das Kind in der Beziehung sein, derjenige, der nur für den Augenblick lebt, wütend mit dem Fuß aufstampft, wenn ihm etwas nicht passt, und sich mit seinen Freunden davonmacht, wenn die Probleme zu drängend werden. Menschen, die am Peter-Pan-Syndrom leiden, werden als bindungsunfähig beschrieben, als das Gegenteil von geerdet, immer bereit, wegzufliegen in ein Neverland, in dem niemand sie behelligt mit Ansprüchen – und, das ist die Kehrseite, eben auch niemand für sie da ist, wenn sie auf Hook treffen und sein Krokodil und den Ärger mit der immer deutlicher sichtbar werdenden Vergänglichkeit.

Dass die allermeisten Menschen irgendwann erwachsen werden, ist eine schöne Pointe von Barries Peter-Pan-Erzählung, in der nach allen durchgestandenen Abenteuern die Geschwister Wendy, Michael und John eben doch ins graue London zurückkehren, um ein normales Leben zu führen. Nur Peter fliegt zurück ins Nimmerland, begibt sich erneut auf die Suche nach Abenteuern in ewiger Ungebundenheit und allein, denn das ist der Preis für das ewige Leben im Zauberreich.

Natürlich ist der Popkulturmythos vom Surfsport überzeichnet. Und er ist nicht die einzige Verbindung des Lebens am Meer mit Barries mystischer Idee eines Neverland, aber eine, die uns wie wenige andere Erzählungen zeigt, was den Aufenthalt an den Stränden für uns Menschen so besonders machen kann. In der Sphäre von Wellen und partieller Nacktheit, im Auf und Ab der Brandung und angesichts der Postkartenkulisse endloser Sonnenuntergänge verschwimmen die Zwänge unseres Alltags für Momente zugunsten eines erfüllten Lebens für den Augenblick, wie wir es fast alle in unserer Kindheit genossen haben – und wie es im Erwachsenenalter nur noch die wenigsten genießen können.

Indem wir alle Sandburgen bauen gegen die Vergänglichkeit, sehnen wir uns nach diesem Urzustand unbegrenzten Vergnügens zurück: Wenn es Peter Pans Neverland wirklich gibt, liegt es an den Stränden dieses Planeten, an den Zwischenorten zwischen Land und Meer, an denen wir für Momente die Verantwortung vergessen können, die uns treibt und letztlich doch erwachsen werden lässt, im Ozean der Unendlichkeit.

Alexander Kohlmann, Jahrgang 1978, hat, nachdem er viele Jahre gesegelt ist, entdeckt, dass auf einem Surfbrett die Verbindung zum Meer noch elementarer ist. Der promovierte Medienwissenschaftler arbeitet als Schauspieldirektor, Dramaturg und Autor. Für mare hat er unter anderem über die Gemeinsamkeit von Theaterhäusern und Ozeanlinern (No. 88) und die zeitlose Sehnsucht nach dem Paradies (No. 137) geschrieben.

Figur wie aus einer Wagner-Oper: Paul Boyton in seinem Rettungsanzug

VON SILVIA TYBURSKI

DER SCHWIMMFLUENCER

Mit spektakulären Aktionen machte Paul Boyton einen Seenot-Rettungsanzug bekannt

Eigentlich wollte er 200 Seemeilen östlich von New York von Bord eines Dampfers springen und wieder zurückschwimmen. Doch alle Kapitäne, die er im Hafen anspricht, weigern sich, ihn mitzunehmen. Mit dieser selbstmörderischen Aktion wollen sie nichts zu tun haben, auch wenn der 26-jährige Paul Boyton ihnen versichert, sein luftgefüllter Gummianzug, eine Art Ganzkörperschwimmweste, sei gerade für das Gegenteil erfunden worden: um Leben zu retten. Weil alle ihn für verrückt halten, versteckt sich Paul Boyton am 11. Oktober 1874 auf dem Zwischendeck des Dampfschiffs „Queen", das am selben Tag in Richtung Europa ausläuft. Ein Ticket hat er nicht – er will ja nur ein kurzes Stück mitfahren und sich dann in den Atlantik stürzen.

Schon seine Mutter konnte Boyton nie von seiner Abenteuerlust und seiner „unnatürlichen Liebe zum Wasser" kurieren, so zitiert er sie später in seinen Erinnerungen. Weder Prügel noch Hausarrest halfen. Noch als Jugendlicher heuerte er auf einem Dampfer an, der Kohle in die Südstaaten fuhr, und im letzten Jahr des Bürgerkriegs, mit knapp 16 Jahren, bei der Navy der Nordstaaten. Danach schipperte er durch die Karibik, um für seinen Vater, der mit raren Muscheln und Korallen handelte, neue Ware zu besorgen.

Nach diversen weiteren Abenteuern, darunter dem gescheiterten Versuch, in Südafrika nach Diamanten zu graben, nahm er mit 25 Jahren einen Job an, der ihn an einen Ort band, und arbeitete als Rettungsschwimmer in Atlantic City, einem Ferienort südlich von New York. Er hielt es gerade zwei Sommer aus. Dass er, wie er schreibt, dabei 71 Leben gerettet hat, hat ihn nicht zufriedengestellt. Er braucht nicht nur das Abenteuer, sondern auch eine Bühne. Da kommt ihm der Ganzkörperanzug von Clark Merriman aus Iowa gerade recht.

Merriman, knapp 20 Jahre älter, treibt Ende der 1860er-Jahre als Bahnangestellter den Ausbau des Schienennetzes im Mittleren Westen voran, als ein Ausflugsdampfer auf dem Lake Michigan sinkt und fast alle Passagiere ertrinken. Daraufhin erfindet er einen fast 16 Kilogramm schweren Anzug aus vulkanisiertem Kautschuk, den er 1872 zum Patent anmeldet. Der Zweiteiler wird von einem Eisenring und einem Gummiband um die Taille so fest zusammengehalten, dass er wasserdicht ist. Ein Luftpolster in der enganliegenden Kapuze, die nur Augen, Nase und Mund freilässt, hält den Kopf über Wasser. Weitere Luftkammern an Brust, Rücken und den Beinen sorgen dafür, dass der Träger sitzend oder auf dem Rücken liegend auf dem Wasser treiben kann. Rettungsanzüge, die heute von der US Navy verwendet werden, basieren auf dieser Erfindung. Für Merriman ist Boyton genau der Richtige, um mit spektakulären Aktionen Werbung zu machen. Mit dem Sprung von Bord der „Queen", die im Oktober 1874 aus New York ausläuft, beginnt eine höchst erfolgreiche PR-Tournee – für den Anzug, vor allem aber für Boyton selbst.

Doch dieser Auftakt verläuft anders als erwartet. Gerade hat er sich im Schutz eines Rettungsboots in seinen kuriosen Anzug gezwängt, als ein Offizier hinter ihm auftaucht und ihn zum Kapitän bringt. Der nimmt ihm den Anzug ab. Weil Paul Boyton aber nicht nur gut schwimmen, sondern auch gut reden kann, gelingt es ihm noch vor ihrer Ankunft in Irland, den Kapitän von seiner Sache zu überzeugen.

Zweieinhalb Seemeilen vor der westirischen Küste und vor den Augen entsetzter Passagiere springt Boyton – ein Paddel, ein wasserdichter Proviantbeutel und zur Verteidigung gegen Haie eine Axt am Körper vertäut – ins Meer. Und erreicht trotz des Sturms 15 Stunden später das Ufer. Er ist erschöpft, aber „so gesund wie ein Fisch im Wasser", wie er später Reportern erzählt, und dankt „dem großen Steuermann dort oben". Die Sensation spricht sich schnell herum. Als Boyton einige Tage später in einem Hotel in Cork eintrifft, ist die Lobby voll mit Schaulustigen. Von nun an ist der Anzug ein Selbstgänger. Eben noch dachte er, er könne das Zimmer nicht mehr bezahlen, da verspricht ihm ein Veranstalter 25 Pfund, wenn er im Stadttheater seinen Schwimmanzug vorführt und einen Vortrag hält, und im Hafen von Queenstown, heute Cobh, paddelt er vor Schaulustigen eine Stunde lang im Wasser herum.

Um die 100 000 Zuschauer sollen ihn innerhalb weniger Monate in Irland gesehen haben. Doch Boyton wittert seine besten Chancen in England und auf dem europäischen Kontinent. Ein großer Etappenerfolg: Königin Victoria lädt ihn zu sich und ihrer Tochter Beatrice auf ihre Yacht, die vor der Isle of Wight liegt, ein. Ihnen zeigt der „furchtlose Froschmann", wie er sich inzwischen nennt, nicht nur, wie der Rettungsanzug funktioniert, sondern auch, was er darunter trägt, denn Beatrice hat ihn gefragt, ob er nach Stunden im kalten Wasser nicht friere. Ohne zu zögern, pellt er sich vor der amüsierten Königin aus der Gummihülle, um ihr seine lange Unterwäsche zu präsentieren.

MIT KÜHNHEIT UND ELOQUENZ ZUM STAR

Mit dieser Mischung aus Kühnheit und Eloquenz wird Boyton schnell zum Star – und zum Konkurrenten des Manns, der wie Boyton plant, als erster Mensch ohne Boot den Ärmelkanal zu überqueren: Matthew Webb (mare No. 12, 139).

Dieser sieht seine Felle davonschwimmen, denn er kann ohne einen schützenden Anzug und weil er als Seemann Verpflichtungen hat, erst später im Jahr starten. Auch Hilfsmittel hat Webb keine, anders als Boyton, der neben dem Paddel manchmal auch ein kleines, am Fuß befestigtes Segel nutzt. Dieser Mann, schimpft Webb, sei ganz offensichtlich ein Betrüger. Trotzdem schafft Boyton es drei Monate vor ihm. Und verdient mit Auftritten nun so viel Geld wie nie zuvor – einmal sollen es 600 Pfund für ein dreitägiges Engagement gewesen sein. Gerade wegen seines bizarr anmutenden Hilfsmittels wird der selbstsichere Boyton und nicht der schüchterne Webb zum Liebling der Presse. ➢

Beliebtes Fahrgeschäft in Vergnügungsparks: Paul Boytons Wasserrutsche

Diese verfolgt seine Reisen, von nun an vor allem auf Europas Flüssen, auf Schritt und Tritt. Denn was der Amerikaner wagt, ist so verrückt, als hätte Jules Verne es sich ausgedacht. Dabei ist es umgekehrt: In Jules Vernes „Die Leiden eines Chinesen in China“ (1879) retten sich der Protagonist und seine Gefährten einmal mit einem aufblasbaren Gummianzug auf See, den Verne als den „Apparat des Kapitän Boyton“ lobpreist. Der Schriftsteller wohnt in Nantes. Er begleitet den Amerikaner im Dezember 1877 in einem Ruderboot ein Stück auf der Loire und lädt ihn zu sich nach Hause ein.

Trotzdem klingt es hier und da nach Seemannsgarn, wenn Boyton in seinen Erinnerungen von dieser Zeit erzählt: Im August 1876, auf der Donau, sei er in das Rad einer Wassermühle geraten. In der Straße von Messina habe er mit einem Hai gekämpft und ihn mit einem Messer in die Flucht geschlagen. Für manche seiner Abenteuer finden sich Belege. Doch selbst wenn er übertrieben haben sollte – seine Nachfahren sind noch immer mächtig stolz auf ihn. Sein Urenkel Craig Dudley, 78, sagt: „Paul Boyton war der größte Glücksritter seiner Zeit. Er müsste eigentlich in Geschichtsbüchern stehen.“

Die Geschichten über seine Reisen als menschliches Floß, über die Zeitungen auf beiden Seiten des Atlantiks berichten, bringen ihm eine große Fangemeinde ein. Unterwegs warten oft Tausende – in Paris angeblich eine Million – Schaulustige auf ihn. In Rom spielt eine Blaskapelle „Yankee Doodle“, als er auf dem Tiber eintrifft, schreibt Boyton. Weitere Staatsoberhäupter lassen sich Merrimans Anzug, den viele inzwischen „Boytons Anzug“ nennen, zeigen, manche bestellen ihn für ihre Marine oder die Privatyachten, darunter die Könige von Italien, Spanien, Portugal und Belgien. Boyton bekommt Medaillen und Ehrentitel. Wie der Erfinder des Anzugs darüber dachte, dass alle Welt und auch ein berühmter Schriftsteller nun von „Captain Boytons Erfindung“ sprechen, ist unklar. In einem Nachruf auf Merriman in einer Lokalzeitung in Iowa heißt es im Juni 1910 etwas säuerlich: „Es war dieser Anzug, den Kapitän Paul Boyton in allen Teilen der zivilisierten Welt so gründlich ausnutzte.“

Nach seiner Rückkehr in die USA nimmt Boyton den Wettkampf gegen Matthew Webb wieder auf, der ihn dann doch übertrumpft hat und als der erste Mensch in die Geschichte eingeht, der es ohne Hilfsmittel schwimmend durch den Ärmelkanal geschafft hat. Die beiden stacheln sich zu immer neuen Wettkämpfen an, bis Webb 1883 bei einem Rekordversuch im Niagarafluss stirbt. Boyton erwähnt ihn in seinen Memoiren nicht ein einziges Mal. Webbs Biografin Kathy Watson schreibt über ihr Verhältnis, Webb hätte „vielleicht ein Schwimmlehrer werden können oder ein Medaillengewinner. Doch der Zufall der Zeit wollte es, dass Webbs lebenslanger Rivale ein mutiger, sehr von sich selbst überzeugter Amerikaner war, mit Wanderlust im Herzen, einem Talent für Selbstmarketing und einem Näschen für Chancen, die sich eröffneten“.

Mit Mitte vierzig und als inzwischen dreifacher Vater sind seine Tage als „furchtloser Froschmann“ auf Meeren und Flüssen weitgehend vorüber. Doch sein Unternehmergeist ist noch hellwach. In Boytons Zeit sorgen die ersten amerikanischen Showgrößen für Aufsehen, von Buffalo Bill bis zu Phineas Taylor Barnum, in dessen Zirkus er 1887 den Anzug in einem Wassertank vorführt.

Der Hunger der Amerikaner nach Zerstreuung wächst, es entstehen neben dem Madison Square Garden auch Varietétheater, Broadwaymusicals und die Vergnügungsmeile auf Coney Island. 1894 eröffnet Boyton zunächst in Chicago eine Wasserrutsche namens „Shoot the Chute“, eine Rampe, von der aus man in einem kleinen Boot in ein Becken hinuntersausen kann. Ein Jahr später gibt es ein weiteres Exemplar auf Coney Island. Dort, wo heute der Luna Park steht, gründet er 1895 den „Sea Lion Park“ mit einer Seelöwenshow und einigen Fahrgeschäften, darunter der „Liebestunnel“, eine Bootsfahrt, die durch eine dunkle Passage führt und besonders bei jungen Paaren beliebt ist. Trotzdem lohnt sich das Geschäft wegen der wachsenden Konkurrenz bald nicht mehr. Nach einer besonders verregneten Saison gibt Boyton das Geschäft sieben Jahre später auf.

Danach, erzählt Urenkel Craig Dudley, habe er weiter von Schwimmshows gelebt. Offenbar reichte das Geld, um sich den letzten 20 Lebensjahren auch ein völlig neues Hobby zu leisten: Boyton reist in die Karibik und nach Südamerika, um Vögel zu beobachten und zu sammeln. Einige hält er in seinem Haus in Brooklyn. Ausgerechnet auf einer dieser Expeditionen zieht sich der Mann, der sein halbes Leben lang in kaltem Wasser zugebracht hatte, eine Lungenentzündung zu. An ihr stirbt Paul Boyton mit 76 Jahren wenige Wochen nach seiner letzten Reise.

Autorin Silvia Tyburski, Jahrgang 1976, hat für mare bereits über die Schwimmerinnen Mercedes Gleitze (No. 139) und Annette Kellermann (No. 146) geschrieben. Boyton war Vorbild für Owen Booths Roman „Die wirklich wahren Abenteuer (und außerordentlichen Lehrjahre) des Teufelskerls Daniel Bones“ des mareverlags.

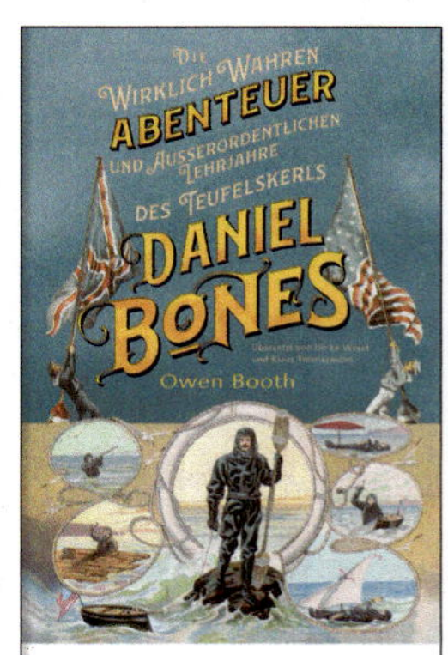

Stolze Burg mit grandiosen Gärten: Cawdor Castle

Schottlands Nordostküste

Sagenhaft schön

Zwischen zerklüfteten Küsten und sanften Hügelketten, grün bewachsenen Inseln und Zeugnissen jahrtausendealter Geschichte wohnt dem Norden Großbritanniens ein besonderer Zauber inne.

Raue Schale, weicher Kern: Hier scannen und inspirieren lassen

Wenn das Schiff aus der Nordsee durch den Cromarty Firth in Richtung Invergordon gleitet, rücken die weiten Hochmoore und kargen Berglandschaften der schottischen Highlands in greifbare Nähe. Es lohnt sich, die Ankunft von der Reling aus zu verfolgen, denn der Meeresarm gilt als Tummelplatz für Delfine und Zwergwale. Fast täglich lassen sich die Meeressäuger dort beobachten. Invergordon empfängt seine Besucher mit viel Charme: Neben einem Bummel durch die pittoreske High Street lohnt ein Abstecher ins Invergordon Naval Museum und zur Church of Scotland mit ihrem wunderschön angelegten Garten.

Das Tor zu den Highlands

Der zweitägige Aufenthalt in Invergordon ist perfekt für einen Ausflug ins rund 70 km entfernte Inverness. Von hier aus lohnt ein Spaziergang auf dem Ness Island Walk, der entlang des Flussufers zur einen und alter Häuserzeilen zur anderen Seite auf kleine Inseln führt. Im Anschluss lockt eine Erfrischung in einem der gemütlichen Cafés am Flussufer.

Unweit von Inverness liegt die wohl berühmteste Sehenswürdigkeit der Region: Loch Ness. Auch wenn die Chance auf ein Foto von Nessie, dem sagenumwobenen Seeungeheuer, gen Null geht, weiß die malerische Umgebung des lang gestreckten Sees sehr wohl zu entschädigen.

Im Land der Burgen und Schlösser sollte auch ein Ausflug zum Cawdor Castle nicht fehlen. Das im 14. Jahrhundert errichtete Anwesen bietet Geschichte zum Anfassen. Sogar in der Weltliteratur wurde die Burg verewigt: Sie diente als Schauplatz in Shakespeares „Macbeth“.

Magische Inseln voll mystischer Orte

Weiter nördlich, nicht weit entfernt von der Küste Schottlands, erheben sich mehr als 70 große und kleine Inseln aus dem Meer: die Orkneys. Die Eilande verzaubern mit ihrer wildromantischen Landschaft und beeindrucken mit spektakulären archäologischen Funden. So erlaubt die jungsteinzeitliche Siedlung Skara Brae einen Einblick in das Leben vor 5.000 Jahren und gehört zum UNESCO-Weltkulturerbe. Orkneys Äquivalent zu Stonehenge heißt Ring of Brodgar und ist mit einem Durchmesser von über 100 m sogar noch größer als der weltberühmte Steinkreis. Wer sich für die Herstellung der legendären landestypischen Spirituose interessiert, kann in Kirkwalls Highland Park Distillery den berühmten Orkney Malt Whisky verkosten und als Mitbringsel erwerben. Die raue Schönheit Schottlands bietet für alle Sinne einen einzigartigen Genuss.

Routentipp: England, Schottland & Norwegen

In der Sommersaison 2024 können Sie Schottlands Nordostküste bequem auf einer 12-tägigen Kreuzfahrt mit AIDAsol ab/bis Hamburg entdecken. Neben der „Stadt der Brücken“ Newcastle upon Tyne machen Besuche im norwegischen Bergen, Eidfjord, Stavanger und Kristiansand Ihre Schiffsreise im Westen und Norden Europas unvergesslich.

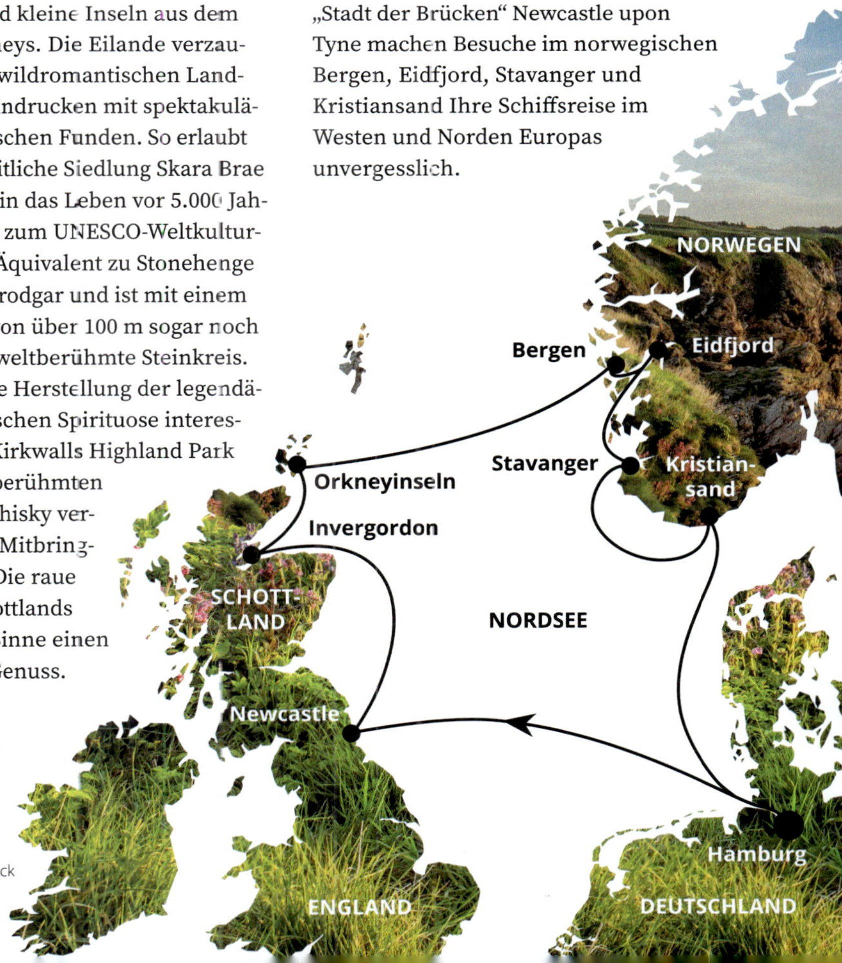

AIDA Cruises · German Branch of Costa Crociere S.p.A. · Am Strande 3d · 18055 Rostock

Der neue mare-Bildband zeigt den norwegischen Archipel und seine Bewohner zu jeder Jahreszeit. Über besondere Stimmungen, kleine Momente und die Kraft des Unwiederbringlichen

Sakrisøy ist eine kleine Insel und ein Fischerdorf. Die alten Stelzenhütten, die *rorbuer*, sind renoviert und können von Touristen gemietet werden

FOTOS: ANDREA GJESTVANG

LOFOTEN

TEXT: DIMITRI LADISCHENSKY

Ganz oben **Polarlichter.** *Darunter* **Druck des berühmten Gemäldes „Der Fischer" im „Kafe Friisgarden" in Ramberg**

Ganz oben **Jusse Niklas, 6, ist Sámi und hat bereits ein eigenes Rentier.** *Darunter* **Blick auf den Strand von Kvalvika**

Ganz oben **Die „Lofotenwand" bei Sonnenaufgang.** *Darunter* **Lisa Massahi liest Plastikmüll bei ihrem Hof „Polarhagen" auf**

Ganz oben **Einsamer Wintersurfer in Unstad.** *Darunter* **Kleines Haus am Strand von Hattvika auf Skrova**

Hilde, Liv und Silja vom Frauenschwimmverein *Skraaven Havsuleforening*. Wassertemperatur an diesem Tag: sechs Grad

IM JANUAR KOMMT DIE SONNE UM ELF HERVOR, schafft es kaum den Himmel hoch, sie kriecht über den Horizont, wo sie sich hinter den Bergen ermattet fallen lässt, um zwei Uhr ist ihr Tagwerk getan. Dann heulen die Dorfhunde, heulen sie unter einem Himmel, der lavendel ist. Der Winter auf den Lofoten heißt *fargetid*, Farbenzeit. Die Tage liegen im blauen Dämmer, im intensiven arktischen Blauton, der sich über die Landschaft legt. Und nachts gibt es das helle Mondlicht und den Sternenhimmel. Und die Polarlichter, die am Himmel verwehen in Grün, Violett und Pink. Und den Glutschimmer der Sonne am Horizont, der jeden Morgen stärker, heller erscheint. Eis ist Kälte, Leben ist Wärme, aber wo man zusammenrückt, damit das Eis nicht siegt, wird das Leben schnell eng. Die kleinen Dörfer. Die langen Nächte. Die Einsamkeit.

Aber dann die Sommer. Und die Gräser, die sich bewegen, wenn der Wind darüberweht. Und die hellen Tage, an denen sich mittags die Wolken zusammenballen und den Himmel abschließen, und darunter staut sich die heiße Luft wie in einem Dampfkessel. Und alles wartet darauf, dass sich die Spannung löst und die ersten großen Tropfen fallen, groß wie Glasmurmeln, und auf den Felsen zerplatzen, zu dunklen Stellen, die auf den noch warmen Steinen verblassen und verdampfen. An einem Tag im Juli oder August, an der Kippe zwischen Ende und Neuanfang, duftet die Luft nach Erde und nassem Laub, schon nach Herbst. Die Farben leuchten bunter, sobald das Sommerlicht verschwunden ist. Später im Jahr ziehen sie sich zurück, ins Land, unter eine Eisschicht, und alles wird still. Kann man Stille überhaupt hören, oder vernimmt man nur die Abwesenheit von Geräusch? Hier und da brennen Winterfeuer, über die die Möwen fliegen; ihre Bäuche glühen im Widerschein der Flammen, ganz entspannt fliegen sie, ohne Laut, auf den Lofoten haben ja alle genug zu fressen.

Was macht der Mensch in dieser Landschaft? Und was macht die Landschaft mit dem Menschen? Die norwegische Fotografin Andrea Gjestvang porträtiert in dem neuen mare-Bildband „Lofoten“ nicht nur die Natur des Archipels, sondern sie zeigt auch seine Bewohner darin. Eisbadende, Rentierhirten, Kabeljauzungenschneider, Surferinnen. Und das auf eine Weise, dass sie eine Stimmung verbreiten, wie eine Landschaft, eine Jahreszeit. Mit dem Unterschied, dass Gjestvangs Momente nicht wiederkommen. Das Foto einer Landschaft mag wiederholbar sein. Mit einem Menschen darin ist es einzigartig.

Dimitri Ladischensky, Jahrgang 1972, mare-Redakteur, fuhr im Winter auf die Lofoten und war beeindruckt vom Farbenspektrum der dunklen Jahreszeit. Die norwegische Fotografin Andrea Gjestvang, 1981 geboren, lebt in Oslo und Berlin. Sie bereiste für den mare-Bildband den Archipel viermal – und das zu jeder Jahreszeit.

Erhältlich im Buchhandel und über www.mare.de

Dorsch im Lüsterglanz

Am Fischerstrand von Binz steht ein Restaurant mit einer bewegten deutsch-deutschen Geschichte. Hier kocht Toni Münsterteicher Rügener Spezialitäten für Stammgäste aus ganz Europa

Text: Holger Teschke Fotos: Charlotte Schreiber

Die Binzer „Strandhalle“ wurde schon bald nach ihrer Eröffnung 1893 durch den Hotelier Wilhelm Klünder zur Legende und ist es bis heute geblieben. Wenn mein Onkel Otto, ein alter Rüganer, mit mir in den 1960ern auf dem Weg in die Granitz hier vorbeikam, knurrte er stets: „Ja, die ‚Strandhalle‘. Da gab es mal rauschende Feste, mein Junge. Champagner, Austern und Schwoof bis nach Mitternacht! Und was ist davon geblieben?“

Geblieben war ein wellblechverkleideter Kasten mit Spitzdach, dessen Fenster von vergilbten Gardinen verhängt waren. Ein Schild an der Tür verkündete die Essenszeiten für die Urlauber im benachbarten FDGB-Ferienheim „Strandschloss“ – vier Durchgänge. Das Gebäude sah nach einer heruntergekommenen Lagerhalle aus, und tatsächlich wurden zum Ende der Saison die Strandkörbe des Ferienheims dort eingelagert. Dabei hatte Klünder die „Strandhalle“ als Tanz- und Speisesaal im Stil skandinavischer Holzhallen errichten und mit kunstvollen Drechselarbeiten verzieren lassen. 1942 fand er mit Albert Härtelt einen Nachfolger, der aber schon 1953 während der „Aktion Rose“ von den DDR-Behörden enteignet wurde. Aus der „Strandhalle“ machte man die „Zentrale Verpflegungsstelle“ für die umliegenden Ferienheime. Wer hier einmal verpflegt wurde, hat die Menüs der Gewerkschaftsküche sein Leben lang nicht vergessen.

Nach dem Ende der DDR entdeckte der Westfale Toni Münsterteicher das Haus und eröffnete es 1997 wieder als „Strandhalle“. Münsterteicher hatte vorher als Küchenchef im „Steigenberger“ auf Gran Canaria gekocht und danach für den Papenburger Schiffbauer Bernd Meyer die Gastronomie im Hotel „Alte Werft“ entwickelt. „Ich wollte nach 1989 etwas Neues ausprobieren, und da erwies sich Binz als Glücksfall. Hier kam ich auf die Idee: feinbürgerliche Küche mit großbürgerlichen Portionen zu kleinbürgerlichen Preisen. Ein Restaurant für Gäste, nicht für Tester.“

Die „Strandhalle“ wurde schnell zum Geheimtipp, auch weil Münsterteicher hiesige Gerichte mit westfälischer Küchenfantasie ergänzte. „Unsere Klassiker sind regionale Kompositionen, und die richten wir mit regionalen Produkten an. Der Fisch kommt von Fischern aus Sassnitz und Gager, das Fleisch von der Rügener Landschlachterei, das Obst und Gemüse aus Mönchgut.“ Daraus werden etwa Hiddenseer Bücklingsfilets, Labskaus mit Kräutermatjestatar und „Lothars Leibgericht“: Ostseedorsch, von der Gräte gerupft, mit Kartoffel-Erbsen-Stampf und Senfsauce. „Lothar war Fischer, aber er hasste Gräten. Deswegen musste ihm seine Frau Lydia das Filet vom gekochten Dorsch rupfen. Das kam dann auf die Kartoffeln. Ich habe das Rezept von Lydia persönlich, aber natürlich ein bisschen was dazugetan“, erzählt Münsterteicher.

„Lothars Leibgericht“ ist einer der Gründe, warum ich Jahr für Jahr wieder in die „Strandhalle“ komme und lange im Voraus einen Fensterplatz reserviere, von dem aus man den Sassnitzer Hafen und die Jasmunder Kreideküste sehen kann. Der andere Grund ist die Ausstattung, in der man ohne viele Umbauten einen Film über die Anfangsjahre der „Strandhalle“ drehen könnte, von denen mein Onkel melancholisch schwärmte. Neben Gründerzeitmöbeln gibt es an den Wänden Seestücke – und als Glanzstück einen Kronleuchter aus der Komischen Oper Berlin, der von der acht Meter hohen Decke strahlt. Für „Strandhallen“-Neulinge hat Münsterteicher ein Testmenü zusammengestellt, das aus den Lieblingsgerichten der internationalen Stammgäste besteht. Viele Gerichte werden auf handbemalten Tellern serviert, die eigens für die „Strandhalle“ angefertigt wurden. Wenn man genau hinsieht, entdeckt man darauf den Küchenchef mit seinem sorgfältig gedrehten Schnauzbart.

Nach 25 Jahren am Herd hat Münsterteicher das operative Geschäft an seine Frau Jana übergeben und kümmert sich vor allem darum, dass die Qualität erhalten bleibt. Würde er noch einmal in Binz anfangen, wenn er die Wahl hätte? „Hier hat sich viel verändert, nicht alles zum Besseren. Aber die ‚Strandhalle‘ würde ich wieder übernehmen, auf jeden Fall.“ So viele kulinarische Legenden gibt es schließlich auf Rügen nicht.

„Lothars Leibgericht“

Zutaten (für 4 Personen)
800 g Dorschfilet (4 Stück), Schuss Weißwein, 1 Zitrone, Salz, Pfeffer.

Zubereitung
Vier Dorschfilets mit Salz und Pfeffer würzen. 1 Liter Wasser mit einem Schuss Weißwein, dem Zitronensaft und 1 Esslöffel Salz kurz aufkochen und in ein tiefes Backblech in den auf 180 Grad vorgeheizten Backofen geben. Die Dorschfilets in diesen Sud legen, 10 Minuten pochieren, dann wenden und noch einmal 10 Minuten pochieren. Zwischendurch Garprobe machen.

Dazu passen Kartoffelstampf mit Erbsen und frittierte Zwiebelringe.

Strandhalle Binz
Strandpromenade 5, 18609 Binz, Rügen,
Telefon +49 38393 31564,
www.strandhalle-binz.de,
täglich geöffnet von 12 bis 23 Uhr.

Oben **Holzgetäfelt und voller Seestücke: die Wände in der „Strandhalle“**

Rechts oben **Ursprünglich wollte Toni Münsterteicher Priester werden, verliebte sich aber mit 15 in Gerlinde und änderte seinen Berufswunsch**

Rechts **1893 als Tanz- und Speisesaal im Stil skandinavischer Holzhallen errichtet: die „Strandhalle Binz“**

Text: Fabian von Poser
Fotos: Karl Mancini

ZUKUNFT MIT

Kann man Quallen essen? Aber ja. In Thailand schätzt man sie seit je als kalorienarmes, nährstoffreiches, gesundheitsförderndes Nahrungsmittel. Haben die Meerestiere auch bei uns das Zeug zum Superfood?

BISS

Es ist noch früh, als Mongkol Wattana Kiri, 50, und Jerawat Yodsuwan, 36, aus dem Schatten der Palmen an den Strand von Chathing Phra am Golf von Thailand treten. Sie blicken hinaus aufs Meer: kein Wind, keine Wellen. „Perfekte Bedingungen", sagt Kiri. Yodsuwan wischt mit einem Lappen über den Boden des Fischerboots, um die Feuchtigkeit der Nacht aufzusaugen. Kiri füllt mit einer Plastikflasche etwas Sprit nach. Dann zerren beide das Boot ins Wasser. Augenblicke später lassen sie das winzige Dorf im Süden Thailands hinter sich zurück.

Den Himmel verhüllen graue Wolken. Fahles Morgenlicht liegt über dem Meer. Die fünf Meter lange Propellerwelle des Boots röhrt. Während beide so dahintuckern, durchfurchen sie die Wasseroberfläche mit ihren Blicken. Der Fahrtwind auf der Haut tut gut, denn es ist heiß, weit über 30 Grad. Immer wieder beschleunigen sie, bremsen ab. Ein Ruder für Notfälle, ein Anker, ein paar Zigaretten und ein Plastikkorb – mehr haben sie nicht an Bord.

Kiri und Yodsuwan sind auf der Suche nach etwas, das ihr Leben verändert hat – und unseres schon bald verändern könnte: Quallen. Je nach Zählweise gibt es weltweit mehr als 2000 Arten, etwa 30 davon sind essbar. In thailändischen Gewässern sind es vor allem zwei: *Rhopilema esculentum* und *Lobonema smithii*, beide aus der Ordnung der Wurzelmundquallen. 500 und mehr Quallen können die beiden Fischer an einem guten Tag fangen. Bei fünf bis zehn Baht für ein Tier je nach Art und Größe, zwölf bis 25 Cent also, sind das für jeden jeweils 65 Euro Tageslohn – mehr, als sie je für Fisch bekommen würden, aber nur ein Bruchteil dessen, was andere im Geschäft mit den Meerestieren verdienen.

In China kommen Quallen wohl schon seit 1700 Jahren auf den Tisch.

Seite 58 **Ein Knäuel aus Fischernetz zum Quallenfang**

Seite 59 **Die Gepunktete Wurzelmundqualle zählt zu den größten Quallenarten**

Oben **Strand in der Provinz Songkhla im Süden Thailands. Eine ins Meer gebaute Vorrichtung dient zur Verarbeitung der frisch gefangenen Quallen**

Rechte Seite **Zu zweit holen thailändische Fischer die Quallen aus dem Meer**

Auch in anderen asiatischen Ländern ist die Qualle gefragt wie nie. In den feinen Restaurants von Bangkok, Seoul, Taipeh und Tokio werden die Tiere für gutes Geld meist als Quallensalat serviert. Noch vor wenigen Jahren interessierten Quallen die Fischer herzlich wenig. Sie wurden einfach weggeworfen, wenn sie als Beifang in den Netzen landeten. Seit Forscher aus aller Welt die gesundheitlichen Vorzüge des Quallenverzehrs preisen, ist in Thailand ein regelrechter Boom entstanden. Die von Fischern gefangenen Quallen werden von Zwischenhändlern körbeweise gekauft, Fabriken verschiffen sie containerweise in die Welt.

Doch heute herrscht Flaute. Yodsuwan, dem das Boot gehört, steht am Steuer. Kiri, ein kleiner Mann mit Kappe und sonnengegerbter Haut, hält Ausschau, ob sich an der Wasseroberfläche nicht etwas rührt. Kiri fischt, so lange er denken kann. Schon sein Vater war Fischer. Früher stellten sie Krabben, Makrelen, Sardinen und Thunfischen nach, seit zehn Jahren vor allem Quallen. Die Fischerei findet meist tagsüber mit Netzen, oft aber auch mit Keschern oder Körben statt – und manchmal sogar mit bloßen Händen. Nach einer Viertelstunde begegnen Kiri und Yodsuwan einem Krabbenfischer. *„Mangapoon?“*, ruft Kiri herüber. „Quallen?“ Der Fischer verneint.

Kiri zündet sich eine „John Black“ an. Er blickt nach links und nach rechts: nichts. Eine Stunde geht das so. Dann geben die beiden auf und fahren zurück. „Keine Chance“, sagt Kiri. „Bei starker Strömung tauchen die Tiere einfach ab, und Strömungen erkennt man von Land nicht.“ Eine der besten Jahreszeiten für Quallenfang ist die Regenzeit. Quallen lieben Regen, weil das Wasser an der Oberfläche dann kühler ist. Doch die Regenzeit hat selbst jetzt, Anfang August, noch nicht begonnen. Durch den Klimawandel werden die Jahreszeiten auch im Golf von Thailand immer unberechenbarer.

Es ist eine Knochenarbeit, und die Fischer leben spartanisch. Oft schlafen sie für Wochen, ja Monate unter Palmen, essen unter Palmen, verrichten ihre Notdurft unter Palmen. Um sich vor dem Monsunregen zu schützen, spannen sie Plastikplanen zwischen den Bäumen auf. Heute früh haben sie die Reste von gestern gegessen: Reis mit Fisch, wie fast immer. Und sie haben Kratom getrunken, einen Tee aus den geriebenen Blättern des Roten Sentolbaums. Seinen Ingredienzen wird eine psychoaktive Wirkung nachgesagt. Die Männer süßen den Tee mit Sirup. „Das gibt Kraft“, sagt Kiri. Und die brauchen sie, denn immer wieder kentern schwer mit Quallen beladene Boote in den Wellen. Jeder hier kennt Fischer, die nie zurückkamen.

Als die beiden Männer ihr Boot an Land ziehen, steht Bang Ard, 74, im Schatten einer Hütte und blickt auf den Strand. Bang Ard heißt eigentlich Saad Sareereh. Wegen seines unaussprechli-

chen Namens nennen Freunde und Bekannte ihn Bang Ard, „mächtiger Bruder". Bang Ard war einst selbst Fischer. „Ich hatte nichts", sagt er. „Dann kam die Qualle." Ard ist ein schmächtiger, bescheiden wirkender Mann.

Die Fischerei war ein „kleines Business", wie Ard sagt. Heute ist er groß im Geschäft. Von seinem Verdienst kann er in einem Land, in dem das durchschnittliche Monatseinkommen bei 430 Euro liegt, vortrefflich leben. In drei Monaten verdient er manchmal 500 000 Baht, mehr als 13 000 Euro. Seine komplette Ausrüstung hat er davon gekauft, darunter zwei Handys sowie einen Toyota Pickup für mehrere tausend Euro.

Ard reist durch ganz Thailand: von seiner Heimat bei Hat Yai an die Andamanenküste, nach Songkhla am Golf von Thailand, nach Surat Thani, Hua Hin, Pattaya bis nach Trat ganz im Osten. Dort, wo Quallen sind, schlägt er für drei, vier, manchmal auch mehr Monate sein Camp am Strand auf. Auch Bang Ard hatte schwierige Zeiten als Unternehmer, keine Frage. Während der Pandemie stand der Quallenverkauf still, weil die Regierung die Provinzgrenzen geschlossen hatte. Doch das Geschäft hat sich schnell erholt. Nach der Covidpandemie ist der Preis für Quallen sogar um zehn Prozent gestiegen. Allein im Jahr 2022 hat er zwei Millionen Baht verdient, über 50 000 Euro.

So funktioniert Bang Ards Business: Am Strand baut er einige Bassins aus Plastikplanen auf, dazu ein Sonnendach, denn Sonne vertragen Quallen nicht. Dann wartet er darauf, dass die Fischer Quallen an Land bringen. Außerhalb des Wassers sind die Tiere nicht lange überlebensfähig. Sind Quallen im Anmarsch, werden ihre Körper auf den Booten in Körbe gepackt, am Strand gewogen, jedes Kilogramm notiert. Dann werden den inzwischen toten Tieren in vier Schritten verschiedene Salze zugegeben: Natriumbikarbonat, kurz: Natron, um den Nesselzellen das Gift zu entziehen und das Fleisch zu festigen, und später Alaun, um den Körpern weitere Flüssigkeit zu entziehen. Binnen weniger Tage verlieren die Quallen so 90 Prozent ihres Frischgewichts. Während des Prozesses schneiden Bang Ards Mitarbeiter die Innereien heraus und trennen die Tentakel von den Glocken ab, denn Körper und Beine werden separat verkauft. Konserviert werden die Tiere ohne Kühlung nur mit Salz – bis die Exporteure sie Tage später abholen.

Am Strand fährt jetzt ein dunkler SUV vor. Es ist Wanlee Muensawat. Sie pinselt sich etwas Puder ins Gesicht und blickt in den Handspiegel. „Ich bin die Königin der Quallen", scherzt die 68-Jährige. Muensawat ist Inhaberin von Chockdee Sea Products in Min Buri bei Bangkok, was übersetzt so viel bedeutet wie „glückliche Produkte aus dem Meer". Seit 30 Jahren kauft sie bei Bang Ard. Manchmal ruft Ard an: „Ich habe 10 000

Linke Seite **In einem Camp am Strand werden die Quallen gesammelt und gesalzen**

Oben **Arbeiterinnen entfernen die Innereien und trennen die Tentakel von den Glocken ab**

Stück, 50 000 Baht. Kommst du vorbei?" Wenn Qualität und Preis stimmen, ist die Unternehmerin binnen zwei Tagen da und macht den Deal perfekt. Muensawats Laster brauchen dann weitere drei, vier oder fünf Tage, bis sie die Tiere abholen.

Muensawat ist eine, die in Thailands Quallengeschäft die Strippen zieht. Jedes Jahr verschifft sie Dutzende Container ins Ausland: nach Südkorea, China, Japan, Taiwan und in die USA. Ihr Unternehmen gehört zu den Top-drei-Firmen in Thailand, die Quallen exportieren. Muensawat profitiert dabei vom aktuellen Quallenboom in Thailand. Eine regelrechte Industrie wächst hier gerade heran. Quallententakel und -körper werden teurer gehandelt als Hühner- und Rindfleisch. „Man kann mit ihnen richtig Geld verdienen", sagt Muensawat.

Geboren wurde sie in der Nähe von Hua Hin. Sie ist Unternehmerin durch und durch. Das kommt von ihren Eltern. Ihre Mutter hatte einen Supermarkt, ihr Vater handelte mit Reis. Früh begann Muensawat getrocknete Taroknollen nach Südkorea zu verkaufen. Als ein Kunde sie eines Tages nach Quallen fragte, war das Geschäft geboren. Das war im Jahr 1995. „Im ersten Jahr habe ich fünf Container verkauft, im zweiten schon zehn", erzählt Muensawat. Mittlerweile hat sie 25 Angestellte. Den Höhepunkt erreichte die Unternehmerin vor einigen Jahren mit 90 Containern – 1260 Tonnen Quallen. Nach der Pandamie läuft das Geschäft jetzt wieder. 2023 rechnet sie wieder mit 60 Containern.

Muensawat ist eine Besessene. Sie fährt mit dem Auto fünf Stunden nach Trat an der Grenze zu Kambodscha, acht Stunden nach Ranong an der Grenze zu Myanmar, 14 Stunden nach Songkhla unweit der Grenze zu Malaysia, um Quallen zu kaufen. Manche Reisen dauern so lange wie ein Flug nach Europa. „Jede Qualle, die ich kaufe, will ich gesehen haben", sagt sie. Die beste Jahreszeit sei

zwar die Regenzeit von Mai bis Oktober. „Aber Thailand ist ein großes Land. Eigentlich gibt es immer irgendwo etwas. Letztes Jahr hatten wir in zehn von zwölf Monaten Quallen zur Verarbeitung."

In ihrer Fabrik in Min Buri, 45 Autominuten nordöstlich von Bangkok, werden mehrmals wöchentlich neue Quallen angeliefert. Zuerst befreien die Arbeiter die Tiere von Sand und Plastik und sortieren sie nach Größe. Dann wird ihnen durch Zugabe von Salz weitere Flüssigkeit entzogen, bis die Körper zum reinen Fleisch geschrumpft sind. Wenn die Quallen für den Export fertig sind, sind sie dünn und haben eine feste Konsistenz. Am Ende werden die Tiere gewogen und je nach Kundenwunsch verpackt – in Holzkisten für Südkorea und Malaysia, in Pappboxen für China, Taiwan, Japan und die USA.

Als wir die Halle betreten, steigt uns ein intensiver salziger Geruch in die Nase. „Ihr mögt ihn vielleicht nicht, ich liebe ihn", sagt Tae Lee, Geschäftsführer der Firma. „Es ist der Geruch von Geld." Vor der Pandemie exportierte Thailand gut 7500 Tonnen Quallen im Jahr, derzeit seien es wieder rund 6000, weiß Lee. Den aktuellen Quallenboom im Land erklärt er so: „Während Covid konnte man nicht reisen, nicht einmal von Provinz zu Provinz. Jeder versuchte also, seine Quallen auf dem lokalen Markt zu verkaufen." Das habe zu einem großen Angebot geführt. „Dazu haben Ärzte und Professoren im Fernsehen die gesundheitlichen Vorzüge von Quallen erklärt. Das hat einen riesigen Push gegeben."

Doch das Hauptgeschäft von Muensawat und Lee ist und bleibt der Export, ein Millionengeschäft. Zwei verschiedene Sorten exportiert die Firma. Fischer und Händler unterscheiden dabei nicht wie Wissenschaftler nach Arten, sondern gemäß dem Aussehen – dem dunkleren „Perlentyp" und dem hellen „Sandtyp". In Südkorea bekommt Muensawat für ein Kilogramm des Perlentyps 2,70 US-Dollar, in China 3,80 Dollar, in Japan sogar bis zu vier Dollar. „Japaner wollen die Quallen ganz trocken, das steigert den Preis." Für den teureren Sandtyp verlangt Muensawat zwischen 4,50 und 6,70 Dollar. Mit einem Container des Perlentyps erlöst sie 1,3 Millionen Baht, etwa 34 000 Euro. Ein Container des Sandtyps wechselt für 2,2 Millionen Baht den Besitzer, etwa 57 000 Euro. In Salz eingelegt, sind die Tiere bis zu einem Jahr ungekühlt haltbar.

Muensawat und Lee haben es klug angestellt. Längst verkaufen sie ihre Quallen auch in die USA – jährlich fünf bis sechs Container. Die Strategie ist so einfach wie einleuchtend: „Wir suchen unsere Märkte danach aus, wo es am meisten Chinarestaurants gibt. Jeder liebt asiatisches Essen, Restaurants sind die besten Botschafter", sagt Lee. „Wenn wir direkt versuchen würden, die Amerikaner

Linke Seite **Am Pier von Ranong, Thailand, hat ein myanmarisches Boot mit Quallen angedockt**

Rechts **Säcke mit Salz für die Konservierung von Quallen lagern im Hafen von Ranong**

Darunter **Tochter eines Quallenfischers aus Songkhla**

für Quallen zu begeistern, es würde ewig dauern. Die meisten Menschen halten Quallen für giftig. Nur wenige wissen, dass sie auch gesund sind."

Märkte, die Muensawat und Lee demnächst erschließen wollen, sind Australien und Neuseeland, beides Länder, in denen asiatisches Essen populär ist. „Und natürlich Europa." Doch es gibt ein Problem: In Europa fallen Quallen unter die sogenannte Novel-Food-Verordnung der EU. Diese regelt die Zulasssung von neuartigen Lebensmitteln. Um mit Quallen als Nahrungsmittel zu handeln, muss man einen aufwendigen Antrag stellen. „Derzeit gibt es keine Firma aus Thailand, die ein solches Zertifikat hat", sagt Lee. „Wir arbeiten aber gerade daran."

Dazu kommt, dass die Alaunsalze, mit denen die Tiere in Thailand behandelt werden, in Europa als gesundheitsschädlich gelten. Derzeit wird in verschiedenen Laboren der Welt nach Alternativen geforscht. Lee versteht das ganze Theater nicht, schon von Berufs wegen. „Die Salze, die wir hinzufügen, gelangen nicht ins Fleisch, man kann sie einfach mit Salzwasser abwaschen."

Seit 500 Millionen Jahren lassen sich Quallen in den Weltmeeren mit den Strömungen treiben. Auch wenn die Tiere weder Herz noch Gehirn haben und zu 97 Prozent aus Wasser bestehen, gilt ihr Fleisch als vorteilhaft bei Beschwerden aller Art. Und doch könnte der Ruf von Quallen besser sein – viele Menschen, auch in Thailand, begegnen ihnen mit einer Mischung aus Faszination, Ekel und Angst.

Das Klischee der glibberigen und vor allem giftigen Qualle – damit will Bunlung Nuangsaeng aufräumen. Er ist Direktor des Instituts der Meerwissenschaften der Burapha-Universität in Saen Suk, einer 45 000-Einwohner-Stadt unweit von Pattaya, die an einem achtspurigen Highway liegt: Tankstellen, Werkstätten, ein Gewirr von Werbetafeln und unkontrolliert wachsenden Stromleitungen. Unweit des Campus steht Nuangsaeng im Aquarium von Saen Suk, um ihn herum jede Menge Wasserbecken, Stromleitungen, Rohre. Der 55-Jährige ist ein sympathischer Mann im weißen Hemd, der etwas Englisch spricht. Zehn Quallenarten habe man im Aquarium, berichtet er, insgesamt 10 000 Quallen. Nuangsaeng ärgert sich über das schlechte Image von Quallen. „Die Kinder lernen bei uns schon in der Vorschule, dass Quallen giftig sind und sie von einem Biss sogar sterben können. Wir zeigen ihnen, dass Quallen auch sehr nützlich für den Menschen sein können."

Zweimal am Tag stellen sich Studenten der Veterinärmedizin im Aquarium für eine halbe Stunde den Fragen der Besucher. Vor ihnen sind verschiedene Quallenarten in Gläsern ausgestellt, auch giftige wie die Würfelqualle. „Zuerst fragen die Kinder meist, was sie bei einem Qual-

Linke Seite **Mitarbeiterinnen der Firma Chockdee Sea Products überprüfen fertig verarbeitete Quallen**

Oben **In der Quallenfabrik kommen die Arbeiterinnen mit ungesunden Alaunsalzen in Berührung**

lenbiss tun können. Immer öfter wollen sie aber auch wissen, welche Arten man essen kann“, sagt Paralee, eine 25-jährige Studentin. „Die Wahrnehmung von Quallen ändert sich durch unsere Arbeit“, fügt der Direktor hinzu. In seinem Aquarium züchten Nuangsaeng und seine Mitarbeiter auch Quallen. „Für die Forschung“, wie er sagt. „Einige Arten dienen uns als Nahrung, andere können wertvolle Dienste für Kosmetik und Medizin leisten.“ Dabei arbeitet sein Institut auch mit der Universität Bangkok und der Pharmaindustrie zusammen. Derzeit sei die Medizin damit beschäftigt, herauszufinden, wie man die Toxine der Tiere für den Menschen nutzen kann. „Zum Beispiel in der Anästhesie.“

Im Wasser haben Quallen eine anmutige Schönheit. Auf dem Teller muss man sich an ihren Anblick noch gewöhnen – selbst wenn man weiß, wie fettarm und gesund Quallenfleisch ist. Auf den Märkten Thailands werden Quallententakel als Grillspieße angeboten, Quallenschirme in Suppen. In Restaurants kommt beides meist als Salat auf den Tisch. So wie im „Krua Rimtang Klang Bo“ an einer Schnellstraße in Min Buri. Dort serviert Köchin Pranom Chaiyanan für wenige Euro verschiedene Gerichte, darunter scharfen Quallensalat mit Staudensellerie, Zwiebeln, Chili, Limette und frischen Korianderblättern. Von der Konsistenz her erinnert der Salat an Algensalat: außen weich, innen knusprig.

Einzug gehalten hat die Qualle auch in den Chinarestaurants Bangkoks, so wie im „Kam’s Roast“ im siebten Stock des Einkaufszentrums „Central World“ nahe dem belebten Siam Square, das man über ein ausgeklügeltes System aus Rolltreppen erreicht. Im Schaufenster hängen ganze Enten, halbe Schweine, gegrillte Hühner. Zu „Pipa Duck“, „Barbecue Pork“ und „Soy Chicken“ serviert Servicechef Rocky Bhandari Quallenbeine als Salat mit

Lesen Sie bitte weiter auf Seite 71

Oben **Im Hafen von Ranong lagern Tonnen mit Quallen aus Myanmar**

Rechte Seite oben **Unternehmer Chaleamchai Ongtamakul verkauft die Quallen nach Bangkok**

Darunter **Vor dem Transport werden die Tiere gewogen**

AWS

Havoline

Links **Eine Kellnerin im Bangkoker Restaurant „Yào" serviert Quallensalat mit Taraba-Krabbenfleisch**

Unten **Die Kompassqualle ist bekannt für ihre bis zu drei Meter langen Tentakel**

Rechte Seite **Die angesagte „Tichuca Rooftop Bar" in Bangkok, Spitzname „Jellyfish Bar"**

Sesamöl. Sie kommen einigermaßen schmucklos nur mit Sojasauce und frisch geschnittenen Chilischoten daher. Der Geschmack ist leicht salzig mit dezenter Sesamnote.

Auch Bangkoks Haute Cuisine hat die Tiere für sich entdeckt. Wer Appetit auf Exotisches hat, der kann zum Beispiel im Restaurant „Yào“im 32. Stock des Luxushotels „The Surawongse“ essen gehen. Der Blick vom Restaurant und von der angeschlossenen Rooftop-Bar ist eine Schau. Auf der Karte steht ein Mix aus kantonesischer und Shanghaier Küche.

Eines der Signature-Gerichte des Spitzenrestaurants ist der Quallensalat mit Taraba-Krabbenfleisch und Austern-Chili-Sauce. „Eine feine Sache“, wie Hui Xiao Yang, 39, der Chefkoch aus China, sagt. „Wir verkaufen davon bis zu 300 Gerichte im Monat.“ Der stattliche Preis: 688 Baht, das sind gut 18 Euro. Die Qualle ist butterweich, der Geschmack asiatisch-frisch. Die Chinesen, die das Restaurant besuchen, lieben diesen besonderen Quallensalat. Für Europäer ist die weiche Konsistenz eher gewöhnungsbedürftig.

Auch Wanlee Muensawat, Besitzerin der Quallenfabrik, weiß, dass es nicht einfach werden wird, die Tiere in der westlichen Welt als Lebensmittel zu etablieren. „In einer über Jahrhunderte tradierten Esskultur tut man sich schwer mit Neuerungen“, sagt sie. „Das ist wie in Asien mit Käse.“ Muensawat sitzt wieder im Auto, jetzt auf dem Weg in Richtung Norden nach Ranong an der Grenze zu Myanmar. Die chaotischen Docks der Provinzhauptstadt am Indischen Ozean haben sich in den vergangenen Jahren zu einem Hauptumschlagplatz für Quallen entwickelt. 16 Tonnen aus dem benachbarten Myanmar sind dort in der Nacht angeliefert worden. Das klingt vielversprechend.

Muensawats Handy klingelt. Es ist Bang Ard. Die Fischer, darunter auch Mongkol Wattana Kiri und Jerawat Yodsuwan, haben doch noch Quallen gefangen. Nicht eine Handvoll, nicht ein paar hundert – es sind Tausende Exemplare. Offenbar war es für die Männer doch noch ein guter Tag. Muensawat, die selbst ernannte Quallenkönigin, wird nun wohl bald wieder in den Süden fahren müssen.

Für Fabian von Poser, Jahrgang 1969, war die Recherche für diesen Artikel die erste „hautnahe“ Begegnung mit Quallen. Der Münchner Journalist und Autor war begeistert davon, wie anmutig sich die Tiere in ihrem natürlichen Ambiente bewegen – und erstaunt darüber, welch komplexes Handelsgeflecht aus Fischern, Zwischenhändlern und Exporteuren mit den Jahren in Thailand entstanden ist. Karl Mancini, geboren 1978, Fotograf in Rom und Buenos Aires, hat noch nie so viele Quallen auf einmal im Wasser gesehen wie jetzt in Thailand. Jede von ihnen wog zum Zeitpunkt des Fangs über zehn Kilogramm. Sie auf das kleine Boot zu hieven erforderte von den Fischern Kraft und Akrobatik.

Iss mich!

Text:
Till Hein

Fotos:
Maurice Weiss

Seepferdchenpulver als Power-Snack und Lebertran als ultimativer Gesundheitsdrink: Superfood aus dem Meer hat eine lange Tradition. Nun empfehlen Forscher den Verzehr von Quallen – auch dem Klima zuliebe

KERN
CAL
203.2 g
PRINT ESC
MODE
PCS
%
TARE
ON OFF

Quallen können ganz schön nerven. Schon weil an Badestränden nicht selten plötzlich Hunderte Tonnen dieser Nesseltiere im Wasser umhertreiben. Im September 2013 gelangte in Schweden ein Quallenschwarm in das Kühlsystem eines Atomkraftwerks. Aus Sicherheitsgründen musste der Meiler vorübergehend vom Netz genommen werden. Und dann sind da noch die Feuerquallen, deren Gifte bei Schwimmern schmerzhafte Hautverätzungen auslösen. Was also tun mit dem Glibbergetier? Vielleicht einfach aufessen?

So kurios es klingen mag: Seit einigen Jahren untersuchen internationale Forschungsteams das kulinarische Potenzial von Quallen und das von Algen gleich dazu. Schon weil an Europas Küsten mehr und mehr Algen angespült werden und dort Gestank und Treibhausgase verbreiten. Erste Studien legen nahe, dass Quallen und Algen zu essen nicht nur ökologisch sinnvoll, sondern auch gesund ist. Journalisten schreiben schon vom „neuen Superfood aus dem Meer“. Doch handelt es sich dabei um mehr als einen Hype?

Seite 73 **Im Labor hergestellte Mangrovenquallenchips. Noch darf man sie in Europa nicht verzehren**

Linke Seite oben **Quallenforscher Holger Kühnhold vom Leibniz-Zentrum für Marine Tropenforschung in Bremen**

Darunter **Eine ausgewachsene Mangrovenqualle wird gewogen**

Es ist nicht das erste Mal, dass im Zusammenhang mit maritimen Nahrungs- und Heilmitteln Wunder versprochen werden. Von gemahlenen Seepferdchen und Einhornhörnern über Ambra, Krill und Makroalgen bis hin zu Açaíbeeren, Spirulina, Meeresspargel und eben Quallen reicht das Spektrum. Doch etwas ist neu: Anders als in früheren Zeiten geht es bei der Vermarktung heute nicht mehr nur um die Verheißung, sich durch den Verzehr selbst etwas Gutes zu tun, sondern auch der Umwelt und dem Klima.

Bizarr war einst der Glaube an die Heilkräfte der Narwalstoßzähne. Diese bis zu drei Meter langen Gebilde, die Seefahrer von ihren Reisen mitbrachten, hielt man in Europa seit dem Mittelalter für die Stirnwaffe des in alten Fabeln beschriebenen Einhorns (mare No. 159). Zu Pulver gerieben, wurden Narwalzähne als Arznei gegen Toxine genutzt. Mediziner verbreiteten die Lehre, dass der Gebrauch von Bechern und Geschirr aus diesem Material gegen Giftanschläge schütze.

Das Gewicht solcher Stoßzähne wurde in Gold aufgewogen. 1638 lösten Naturforscher das Geheimnis um die vermeintlichen Einhornhörner, ohne deren medizinische Wirksamkeit infrage zu stellen. Mitte des 17. Jahrhunderts aber, nach dem Dreißigjährigen Krieg, stürzten die Preise ins Bodenlose. Seither ist von Heilkräften nicht mehr die Rede.

Seepferdchen dagegen gelten bei vielen Menschen bis heute als eine Art Zaubermittel. Noch im 18. Jahrhundert fanden sie sich, zu Pulver gemahlen, auch in Europa als eine Art Power-Snack in Hausapotheken: gegen Müdigkeit, Haarausfall oder Impotenz. In der Traditionellen Chinesischen Medizin wird gestampftes Seepferdchen, vermischt mit Ginseng, Honig und roten Oliven, bis heute gegen Leiden fast aller Art verschrieben, obwohl Pharmaforscher aus dem Westen kein gesundheitsförderndes Potenzial der Inhaltsstoffe dieser Tierchen feststellen konnten.

Und das geheimnisvolle Ambra? Diese wachsartige Substanz aus dem Verdauungstrakt von Pottwalen soll gut für die Seele sein. In der Homöopathie und Naturheilkunde werde Ambra grisea seit Jahrhunderten erfolgreich genutzt, heißt es auf einschlägigen Websites – gegen Schlafstörungen, Erschöpfung, Fehlsteuerungen des Nervensystems, Kummer und Sorgen. Eine Wirksamkeit von Ambraglobuli, die über den Placeboeffekt hinausgeht, ist allerdings nicht belegt.

Vielmehr gibt es Hinweise, dass man alles, was von Walen stammt, besser nicht verzehren sollte. „Walfleisch, insbesondere das von Zahnwalen wie dem Pottwal, ist wegen seiner hohen Schwermetallbelastung jedenfalls sehr ungesund“, sagt Helena Herr, Biologin am Institut für marine Ökosystem- und Fischereiwissenschaften der Universität Hamburg. „Diese Tiere stehen am Ende der Nahrungskette und akkumulieren im Lauf ihres Lebens daher eine große Menge Schadstoffe.“ Studien legen nahe, dass der Konsum von Walfleisch die Bildung von Tumoren begünstigt und unfruchtbar machen kann.

Ein anderes „Superfood aus dem Meer“ scheint zumindest keine Gefahr für die Keimzellen zu sein: Spirulina. Diese Cyanobakterien, auch Blaualgen genannt, enthalten viele Vitamine sowie Eisen, Selen, Kalium und Magnesium. Flamingos verzehren sie seit Jahrtausenden. In jüngerer Zeit sind die Bakterien auch bei uns Menschen populär. Vor allem Models schwören auf Spirulina. Im Internet wird es als „das wertvollste Nahrungsmittel auf diesem Planeten“ beworben.

Spirulina-Smoothies sind im Angebot, Spirulina-Tabletten, -Guacamole und -Speiseeis. Der Verzehr soll angeblich das Immunsystem stärken, Alterungsprozesse verlangsamen und gegen Herz-Kreislauf-Erkrankungen vorbeugen. Fachleute sehen das kritisch. „Überzeugende Humanstudien, die gesundheitsfördernde Effekte von Spirulina untermauern würden, fehlen“, sagt die Ernährungswissenschaftlerin Astrid Donalies von der Deutschen Gesellschaft für Ernährung. „Oft wird von Herstellern auch das enthaltene Vitamin B_{12} beworben, das aber in Spirulina-Produkten nicht in der für Menschen bioverfügbaren Variante vorliegt.“

Auch Krill soll Wunder wirken. 1977 schlugen Fachleute der US-Raumfahrtbehörde Nasa in einem Thesenpapier zum Thema „Raumfahrttechnik und Landwirtschaft“ vor, die Menschheit künftig mit diesen winzigen Krebstierchen zu ernähren. Fischereiunternehmen griffen die Idee auf. „Aktuell das Superfood schlechthin“, heißt es auch da auf bestimmten Websites, schon weil Krill viele wertvolle Omega-3-Fettsäuren enthalte. ➢

Meeresbiologen wie Holger Kühnhold vom Leibniz-Zentrum für Marine Tropenforschung (ZMT) in Bremen mahnen jedoch zur Vorsicht. „Anstatt größerer Meerestiere etwa Zooplankton wie Krill zu essen, ist in Zeiten von starker Überfischung zwar ein guter Ansatz", sagt er. „Aber man konkurriert damit eben auch um eine elementar wichtige Nahrungsgrundlage in marinen Ökosystemen, von denen unter anderem viele Wale abhängen." Zudem kann bei unsachgemäßer Verarbeitung Fluorid aus dem Panzer dieser Minikrebse in ihr Fleisch eindringen, sodass dieses für Menschen ungenießbar wird. Zudem kommt eine Studie zu dem Schluss, dass es wenig schlau sei, den Bedarf an Omega-3-Fettsäuren durch Krill zu decken. Solche ungesättigten Verbindungen fänden sich nämlich in großer Menge auch in marinen Mikroalgen, die sich viel nachhaltiger züchten ließen.

Zumindest die Verdienste eines weiteren „Superfoods aus dem Meer" sind unstrittig: Lebertran, ein Extrakt aus der Leber von Kabeljauen, Schellfischen oder Haien. Bereits die Wikinger nutzten es als Stärkungsmittel. Im 19. Jahrhundert, zur Zeit der Industrialisierung, bekamen viele Kinder in Europa Lebertran verabreicht, um gegen Rachitis vorzubeugen. Diese Knochenschwächekrankheit wurde durch Vitamin-D-Mangel ausgelöst, aufgrund von Unterernährung sowie zu wenig Sonnenlicht in den von Smog geplagten Großstädten. Lebertran enthält große Mengen Vitamin D und half damals in vielen Fällen.

Erstaunlich ist, dass dieser Fischleberextrakt in jüngster Zeit ein Revival erlebt. Und zwar ausgerechnet in Mitteleuropa, wo die meisten Menschen längst wohlgenährt sind und in die Fabrikschlote Rußfilter eingebaut wurden. Vor allem an gesundheitsbewusste Mütter richtet sich die aktuelle Werbung für Lebertran. Der tranige Geschmack von einst wird inzwischen durch Vanille- und Orangenaromen neutralisiert. Weniger erfreulich allerdings ist, dass Lebertran neben Vitamin D auch viel Vitamin A enthält, was Missbildungen verursachen kann. Ärzte raten Schwangeren daher vom Verzehr ab.

Alles in allem also eine durchwachsene Bilanz für die maritimen Wundermittel. Und auch bei Neuentdeckungen in diesem Bereich scheint Skepsis angebracht. Besonders gehypt werden derzeit Açaíbeeren. Sie wachsen im maritimen Klima des Amazonasdeltas in Brasilien auf Palmen. Prompt feiern Hochglanzzeitschriften auch diese violetten Früchte, die laut der deutschen Verbraucherzentrale „nicht mehr Antioxidantien als heimisches Obst und Gemüse" enthalten.

Verblüffend aber ist, dass Meeresbiologen, Lebensmitteltechnologen und Zukunftsforscher dennoch überzeugt sind, dass die Begeisterung für maritimes Superfood völlig berechtigt ist – insbesondere diejenige für Quallen und Algen, vor allem aus ökologischen Gründen. Denn die Weltbevölkerung wächst und wächst. Nahrung wird knapp. Fleisch, das viel Proteine enthält, hat eine katastrophale Umweltbilanz. Getreide wird immer teurer. Und in den Meeren gehen die Bestände vieler Speisefische zurück. „Weiter unten in der Nahrungskette gibt es gerade in den Ozeanen aber Ressourcen, die wir in Europa bisher gar nicht als mögliche Nahrungsquelle wahrgenommen haben", sagt ZMT-Forscher Kühnhold – zum Beispiel eben Quallen.

Nicht nur durch die Überfischung von Thun- und Schwertfischen, ihren klassischen Fressfeinden, werden diese Nesseltiere immer zahlreicher. Da steigende Wassertemperaturen das Wachstum von Mikroalgen, einer wichtigen Nahrungsquelle für Quallen, anregen, gehören sie zu den Nutznießern des Klimawandels. Manchmal vermehren sie sich so stark, dass dies die Artenvielfalt gefährden kann. Die starken Giftstoffe mancher Arten sind nämlich für viele Fische gefährlich. Gute Gründe fürs Aufessen.

„Alle Quallen enthalten Gifte und müssen behandelt werden, bevor sie verzehrt werden können", sagt Antonella Leone, Biologin am Lebensmittelforschungsinstitut Istituto di Scienze delle Produzioni Alimentari (CNR-ISPA) im italienischen Lecce. Bei einigen Arten reicht es aber aus, die Tiere in eine spezielle Marinade einzulegen; bei anderen lassen sich die Toxine durch Waschen oder Kochen unschädlich machen, wie Leone in Experimenten herausfand.

In Asien werden bereits mehr als 30 Quallenarten kulinarisch genutzt, in Suppen etwa oder in Salaten (Seite 58 ff.). Umfragen ergaben allerdings, dass bereits die Vorstellung, sie zu verzehren, in Europa bei vielen Menschen Ekelgefühle auslöst. Im Rahmen des Projekts „GoJelly", bei dem das CNR-ISPA sowie 14 weitere Forschungseinrichtungen aus Europa und eine aus China kooperieren, suchen Fachleute daher nach Wegen, um Quallenfood attraktiver zu machen. Die Europäische Union hat sechs Millionen Euro Fördergelder versprochen.

Zu 97 Prozent bestehen Quallen aus Wasser. „Aber ihre Trockenmasse hat ein sehr interessantes Nährwertprofil", meint Kühnhold. Sie enthalten zum Beispiel essenzielle Aminosäuren sowie langkettige Omega-3-Fettsäuren und entzündungshemmende Substanzen. Doch wie kann man die Lust auf den Verzehr solch schleimiger Tiere wecken?

„Ein origineller Ansatz sind zum Beispiel Quallenchips", sagt Kühnhold. Dank ihrer knusprigen Konsistenz wirken sie dem Glibberimage entgegen. Wie Kartoffelscheiben frittieren kann man Quallen allerdings nicht. Und auch nicht in der Sonne trocknen lassen. „Da würden sie zu Staub zerfallen." ➤

Rechte Seite oben **Kühnhold ermittelt den Nährwert von Quallenarten und will herausfinden, wie man sie am besten züchtet**

Darunter **Becken an Becken im Bremer Labor. Kühnhold glaubt an das Potenzial von Quallen als Nahrungsmittel**

Der Physiker Thomas Vilgis vom Max-Planck-Institut für Polymerforschung in Mainz hat die Quallenchips gemeinsam mit einer Pharmakologin aus Dänemark entwickelt. Das Prinzip ist einfach: Man legt die Glibbertiere in 96-prozentigen Alkohol ein. „Dadurch ballen sich ihre Proteine zusammen, gleichzeitig wird ihnen Wasser entzogen – und sie schrumpfen zu hauchdünnen Scheiben, die dann zusammenhalten“, erklärt Vilgis. Anschließend muss man die Quallenscheiben nur noch trocknen und würzen. Der Alkohol verdampft dabei vollständig. Fertig.

Das Absurde: Die Forscher dürfen ihre Chips offiziell weder kosten noch anbieten. Quallenprodukte fallen nämlich unter die Novel-Food-Verordnung der EU und sind bei uns als Lebensmittel nicht zugelassen. In Asia-Shops ist Quallenfood aber erhältlich. „Wir hoffen sehr, dass die Verordnung bald überarbeitet wird, sodass auch Quallenprodukte aus europäischer Produktion eine Chance bekommen“, so Vilgis.

Meeresbiologe Kühnhold mahlt gefriergetrocknete Quallen zum Beispiel zu einem feinem Pulver, das sich allerlei Speisen als Bindemittel untermischen ließe. Biologin Leone wiederum hat die hohe Kochkunst im Auge. Gemeinsam mit Sterneköchen hat sie kürzlich ein glamouröses Quallenkochbuch mit Rezepten für „Quallen auf Joghurt mit Lampascioni-Zwiebeln und Puntarelle“ oder „Mediterrane Medusensuppe“ veröffentlicht.

„Vor 20 Jahren fanden sehr viele Mitteleuropäer Sushi gewöhnungsbedürftig. Warten wir mal ab, wie wir in 20 Jahren über Quallenfood denken werden“

Fachleute forschen intensiv daran, Quallen künftig nicht nur aus dem Meer zu fischen, sondern auch an Land zu züchten. Denn bereits heute leben weltweit die meisten Menschen in urbanen Zentren. „Und eine nachhaltige Produktion findet am besten dort statt, wo auch konsumiert wird“, sagt die Berliner Wirtschaftswissenschaftlerin und Zukunftsforscherin Myriam Preiss. Im Rahmen von „food4future“, einem von der Bundesregierung geförderten Projekt, erdachte sie gemeinsam mit weiteren Forschern günstig produzierbare, mobile Aquaponiksysteme aus Composite-Leichtbauwerkstoffen für die Züchtung von Algen und Quallen. „In Kellern, auf Gebäudedächern oder Industriebrachen ließe sich Raum in urbanen Gegenden so optimal zur Lebensmittelproduktion nutzen.“

Besonders erfreulich: Manche der Nesseltiere sind völlig anspruchslos. Etwa die Mangrovenquallen, die ursprünglich in tropischen Meeren heimisch waren, inzwischen als invasive Art aber auch im Mittelmeer vorkommen. Sie leben in einer Symbiose mit speziellen Mikroalgen, die in ihren Tentakeln hausen und Fotosynthese betreiben – also unter Lichteinfluss aus CO_2 und Wasser Traubenzucker und Sauerstoff produzieren.

Ein Teil des Traubenzuckers fließt den Quallen als Nahrung zu. „Wir füttern ein bisschen mit Zooplankton zu, dadurch wachsen sie noch schneller“, sagt Kühnhold. „Aber mit ein bisschen Licht und Nährstoffen im Wasser würden die Quallen weitestgehend auch ohne Fütterung auskommen.“ Bei natürlicher Sonneneinstrahlung, in tropisch warmem Wasser, könnte man Mangrovenquallen also mit geringem Einsatz von Ressourcen im großen Stil züchten.

Vor einem anderen Zuchtbecken deutet Kühnhold auf zarte, hellgrüne Stängel mit kleinen Kügelchen daran. „Meerestrauben“, sagt er, eine besondere Algenart. „Die Kügelchen zerplatzen auf der Zunge – wie Kaviar.“ In manchen Fischhandlungen sind Meerestrauben bereits erhältlich. „Sie schmecken ähnlich wie Austern, mir persönlich sogar besser.“ Und sie müssen nicht ausgesät werden. Bricht man ein Stückchen von einer solchen Alge ab und steckt es in den Sandboden, so wächst es als eigenständiger Trieb weiter. Erste Ergebnisse von Studien am ZMT deuten darauf hin, dass sich bei Meerestrauben durch entsprechende Lichteinstrahlung der Gehalt an manchen gesundheitsfördernden Inhaltsstoffen weiter anreichern lässt.

Überhaupt Algen: In Asien kommen sie seit Jahrhunderten auf den Tisch. In unseren Breiten haben sie sich zumindest als wichtige Zutat von Sushi etabliert. Weltweit gibt es mehr als 10 000 Arten. Bisher werden erst etwa 200 kulinarisch genutzt. Was das Aroma betrifft, könnten Algen Fisch weitgehend ersetzen, sagen Fachleute. Manche bezeichnen diese Pflanzen denn auch als das wahre „Superfood aus dem Meer“. Zumal Algen viele wertvolle Proteine, Vitamine und Mineralien enthalten.

Als besonders lecker gilt die Grüne Gabelalge, die in zahlreichen Meeren vorkommt. Gemäß der belgischen Firma Foodpairing NV aus Gent, die sich auf die Analyse von Aromen spezialisiert hat, harmoniert sie sowohl hervorragend mit Kaffee als auch mit Pommes frites, Tequila, Entenbrust, Mango oder Spargel. Gut denkbar also, dass dieses vielseitige Gewächs künftig auch als Zutat von Medusensuppe Karriere machen wird.

Zukunftsforscherin Preiss jedenfalls glaubt an das kulinarische Potenzial von Quallen und Algen in Europa. „Natürlich lassen sich tradierte und tief verwurzelte Essgewohnheiten nicht von einem Tag auf den anderen verändern“, sagt sie. „Aber vor 20 Jahren fanden sehr viele Mitteleuropäer Sushi gewöhnungsbedürftig. Warten wir mal ab, wie wir in 20 Jahren über Quallenfood denken werden.“

Till Hein, Jahrgang 1969, Wissenschaftsjournalist in Berlin, hat bei der Recherche zu diesem Text auch einen schönen alten Song von „Element of Crime“ wiederentdeckt: „Michaela sagt, sie kann Sonntage nicht leiden, denn da treiben alle Menschen so wie Quallen durch den Tag ...“

Maurice Weiss, geboren 1964, wohnhaft in Berlin, ist Reportage- und Porträtfotograf.

No. 160
mare
Die Zeitschrift der Meere
www.mare.de
Inselgefängnis Neapel
Zwischen Capri und Camorra
Münchhausen
log nur an Land? Lüge!
Schwimmfluencer
Gummimann mit Charme
Superfood Quallen
Ernähren sie künftig die Welt?
Ich lese mare
Katja Riemann
Schauspielerin

Babylonisch verwirrt

mare No. 152, „Ein radikaler Plan"

In Ihrem Artikel „Radikaler Plan" ist mir – wie in vielen anderen Printmedien auch – aufgefallen, dass viele polnische Ortsbezeichnungen mit deutschen Namen versehen werden. Warum schreibt man ständig noch von Danzig, Gdingen, Stettin, Breslau und Posen? Polen ist seit 1952 souverän und hat eine eigene Sprache. Wozu also noch? Ich bin davon überzeugt, dass die mare-Redaktion sehr realistisch ist und die Geschichte akzeptiert. Ich glaube nicht, dass die Redaktion revanchistische Gedanken hegt. Polen ist immer von allen Seiten unterdrückt, besetzt, aufgeteilt usw. worden. Nun sind die Grenzen festgeschrieben, und das sollte toleriert werden. Mich ärgert es immer, wenn man Richtung Osten fährt und auf den Autobahnhinweisschildern unter anderem Breslau groß geschrieben und dahinter klein und in Klammern Wrocław steht. Wenn man schon nicht auf die deutsche Bezeichnung verzichten will, sollte es doch wenigstens politisch korrekt andersherum sein.

Klaus-Peter Höhne, Petershagen

Herr Höhne beschreibt ein Problem, vor dem nicht nur jede deutschsprachige Redaktion, sondern jeder Deutsch Schreibende steht. Denn die Schreibung ausländischer Ortsnamen ist ein weites, komplexes Feld. Selbstverständlich ist sie bei mare nicht weltanschaulich-politisch, schon gar nicht von revanchistischen Gedanken motiviert. Die Redaktion folgt vielmehr den Empfehlungen des Auswärtigen Amts, das deutsche Ortsnamen verwendet, sofern solche schon vor 1933 existierten, was jedoch mit Ausnahme von Staatennamen nicht amtlich festgelegt ist. Wir schreiben daher Danzig, Posen, Breslau oder Krakau ebenso, wie wir auch Mailand statt Milano und Moskau statt Moskwa schreiben. Einheimische Ortsnamen setzen wir gelegentlich in Klammern hinzu, etwa wenn es sich um kleine Orte handelt oder wenn wir annehmen müssen, dass sie vielen Lesern nicht bekannt sind. Den von Herrn Höhne genannten Artikel hat der polnische Autor Michał Kokot verfasst. Er selbst hat die beidsprachige Schreibung der Ortsnamen gewählt. Aber trotz aller seriöser Versuche, konsistente Regeln aufzustellen, gibt es durch den allgemeinen Sprachgebrauch zahllose Ungereimtheiten. Wir alle akzeptieren New York statt Neu-York, dagegen aber kaum al-Jaza'ir anstelle von Algier. Die Red.

Wir freuen uns über Ihre Briefe, müssen uns aber Kürzungen vorbehalten.

mare Leserbriefe, Pickhuben 2, 20457 Hamburg, mare@mare.de

Mein Hooge, *30.*

Unser Kolumnist reiste als Jugendlicher achtmal nach Hooge. Jetzt, nach 30 Jahren, erkundet er die Hallig erneut, als Erwachsener, als Stadtmensch, mit tausend Fragen im Gepäck – diesmal über die Anfänge der Telekommunikation

Text: Jan Keith   Illustration: Orlando Hoetzel

MEIN VATER IST EIN WANDELNDES GESCHICHTSlexikon. Schon in meiner Jugendzeit verging kaum ein Tag, an dem er nicht zu einem seiner berühmten Vorträge über bedeutende historische Figuren ansetzte. Von Kleopatra über Martin Luther, Mahatma Gandhi, Napoleon, Mao, Karl den Großen bis Willy Brandt.

Eines Abends knöpfte sich mein Vater auch Wilhelm I. vor, den ersten deutschen Kaiser. Ich weiß noch, wie er die Liedzeile „Wir wollen unseren alten Kaiser Wilhelm wiederhaben" anstimmte und mir erklärte, warum die Menschen Wilhelm I. anfangs hassten und später umso mehr liebten.

Und tatsächlich: Als der Kaiser am 9. März 1888 im Alter von 90 starb, gab es einen gigantischen Trauermarsch durch Berlin, dem sich 200 000 Menschen anschlossen. Man sah „verweinte Augen, grenzenlos bestürzte Gesichter", schrieb die viel gelesene Autorin Gabriele Reuter in ihren Erinnerungen. Die Trauer hatte das ganze Kaiserreich erfasst.

Das ganze Kaiserreich, außer einem kleinen Flecken in der Nordsee: Hallig Hooge. Dort hatten sie vom Tod des Kaisers schlicht nichts mitbekommen.

Hooge war im März 1888 nämlich wieder einmal vom Eis eingeschlossen – und das über mehrere Wochen. Nichts ging mehr. Es gab keine Post, keine Zeitungen und keine Besucher, die die Hooger mit den neuesten News hätten versorgen können.

So passierte es, dass die Halligbewohner am 22. März 1888 den Geburtstag von Kaiser Wilhelm I. feierten, so, wie sie es jedes Jahr taten, mit Musik und wärmendem Schnaps – 13 Tage nach dessen Tod.

Als der Irrtum endlich aufflog, wurde auch dem letzten Hooger klar, dass in puncto Kommunikation dringende Verbesserungen nötig waren. Niemand wollte mehr wichtige Nachrichten verpassen. Der Hooger Pastor nahm sich der Sache an und beantragte bei der Kaiserlichen Oberpostdirektion in Kiel die Einrichtung einer Telegrafenstelle auf Hooge.

Zunächst winkte die Postdirektion ab. Im Ablehnungsschreiben vom 13. November 1889 hieß es: „Ein allgemeines Verkehrsbedürfnis für die Ausführung der fraglichen Anlage liegt nicht vor." Doch als die Hooger dranblieben und dem neuen Kaiser Wilhelm II. persönlich einen Brief schrieben, kam Bewegung in die Sache. Das Hooger Gesuch landete bei Heinrich von Stephan, dem Staatssekretär des Reichspostamts in Berlin, der schließlich 1890 dem Anschluss Hooges an das Telegrafennetz zustimmte.

Für die Hooger Bevölkerung begann damit eine neue Ära. Es wurde eigens ein neues, einadriges Kupferkabel durch das Wattenmeer von Hooge nach Pellworm gelegt, wo man es an das bereits bestehende Kabel zum Festland anschloss.

Vor Ort auf Hooge kümmerte sich Pastor Carl Thedens um alles Weitere. Er stellte einen Raum im Pastorat als Telegrafenraum zur Verfügung – und übernahm auch noch ehrenamtlich den Job des Telegrafisten. Eigentlich war noch ein zweiter Telegrafist vorgesehen, der Halliglehrer. Doch ausgerechnet er, von dem man dachte, er sei qua seines Berufs besonders geeignet, tat sich beim Erlernen des Morsealphabets so schwer, dass er keine große Hilfe war.

Der Arbeitsaufwand wurde auf 50 empfangene Telegramme im Jahr geschätzt – machbar, befand der Pastor, auch allein. Doch schon im ersten Jahr gingen 150 Telegramme ein, wenig später waren es schon 300. Grüße von seefahrenden Hoogern, Todesnachrichten, Glückwünsche zur Vermählung oder runden Geburtstagen – vor lauter Morserei fand Pastor Carl Thedens kaum noch Zeit für die seelsorgerische Arbeit.

1898 wurde er schließlich erlöst und der Telegrafendienst professionalisiert. Auf der Ockenswarft eröffnete Hooges erstes Post- und Telegrafenamt. Kein Hooger wollte mehr auf die Möglichkeiten der modernen Kommunikation verzichten.

Es folgten das Telefon für jedermann (1933), der Anschluss ans Stromnetz (1959), das schnelle Mobilfunknetz LTE (2015), die erste Glasfaserverbindung (2023).

Doch egal, wie lange es her ist: Auf Hooge feiert man bis heute den alten Staatssekretär Heinrich von Stephan als jenen Mann, „der es uns ermöglichte, mit dem Rest der Welt zu kommunizieren", wie es ein Hooger Bewohner formuliert.

Ich finde die Dankbarkeit der Halligbewohner anrührend. „Wie ein Staatssekretär zum Helden Hooges wurde" – mein Vortragsthema für das nächste Treffen mit Papa steht, würde ich sagen.

Das Gefühl einer immer währenden Sehnsucht

Von Johannes Teschner

Der Bremer Norbert Schwontkowski löschte lieber Schiffe im Hafen, als sein Können unter Wert zu verkaufen. Auch als erfolgreicher Künstler kehrte er in seinen Bildern gern ans Meer zurück

NORBERT SCHWONTKOWSKI IST EIN JUNGER, ERFOLGloser Maler, der seine Miete manchmal nicht zahlen kann und mit Kohle heizt, um Geld zu sparen, als ihm eine etablierte Amsterdamer Galerie eine Ausstellung anbietet. Als er seinem Freund und Künstlerkollegen Jub Mönster davon berichtet, reagiert der begeistert: Was für eine Chance, endlich! Aber Schwontkowski ist nachdenklich. Er habe sich die Räume der Galerie angesehen. Die seien nicht ideal. Das Licht falle irgendwie ungünstig. Es könne sein, dass er ablehne.

„Ich war fassungslos", erinnert sich Mönster heute an den rund vier Jahrzehnte zurückliegenden Tag. „Ich hätte das damals zugesagt, ohne die Galerie je betreten zu haben, wie vermutlich alle von uns. Aber das war eben Norbert: unheimlich sensibel, wenn es um seine Arbeit ging. Und absolut kompromisslos."

Die Wandbilder, die in Schwontkowskis Heimatstadt Bremen in den siebziger Jahren aufkommen und lukrative Aufträge versprechen – nichts für ihn. Sammelausstellungen, bei denen Arbeiten hängen sollen, die ihm nicht passen – sagt er ab. Um trotzdem einigermaßen über die Runden zu kommen, geht er Schiffe löschen im Hafen, reißt Nachtschichten ab bei Beck's und Kellogg's. Hauptsache, keine Abstriche bei seiner Malerei. „Norbert hat immer sein Ding gemacht", sagt Mönster, „völlig los-

Ohne Titel, Öl und Pigment auf Leinwand, 70 mal 60 Zentimeter

gelöst von irgendwelchen Moden." Vermutlich ist es auch diese Kompromisslosigkeit, die Norbert Schwontkowski zu einem der originellsten deutschen Maler gemacht hat; zu einem, dessen Bildsprache einzigartig ist, sofort erkennbar, merkwürdig wie wirkmächtig. Und dessen Werke jetzt, zehn Jahre nach seinem Tod, mehr und mehr zur hoch gehandelten Ware auf dem Kunstmarkt aufsteigen.

2021 wechselt sein Bild „Purple Haze" in einer Onlineauktion für 132 500 Euro den Besitzer. Nie zuvor ist in Deutschland so viel Geld für ein Gemälde in einer Onlineversteigerung geflossen. Es ist ein typischer Schwontkowski: schemenhafte Figuren vor einem atmosphärischen, flächigen Hintergrund, der erdig ist und leuchtend zugleich. Ein Werk von melancholischer Romantik, angesiedelt irgendwo im nebelverhangenen Grenzland zwischen Gegenständlichkeit und Abstraktion.

Auch dass „Purple Haze" ein grün-braunes nächtliches Gewässer zeigt, über das zwei Gestalten ein längliches Boot steuern und in dem sich ein hellroter, fast pinkfarbener Mond spiegelt, ist typisch Schwontkowski. Immer wieder malt der Bremer Wasser. Wie kaum ein anderes Motiv eignet es sich für seine scheinbar endlosen Hintergründe, auf die er seine einsamen Figuren platziert, für das Traumhafte, das seinen Bildern innewohnt, auch für die ziellose Sehnsucht, die Schwontkowski sein Leben lang begleitet.

Als Kind schwimmt er mit seinen Geschwistern in der Weser, sieht die Containerschiffe, nimmt, ein frühes, kleines Abenteuer, die Fähre nach Bremerhaven. „Ich bin am Wasser groß geworden, am Unterlauf der Weser, in Blumenthal", schreibt er einmal. „Mein erster Spitzname war Moses, wie der jüngste Mann an Bord, und das Erste, was ich lesen konnte, war ‚Panama' auf einer großen schwarzen Eisenwand. Ich glaube, in dieser starken, bilderreichen Kindheit und in dem unreflektierten Gefühl einer immerwährenden Sehnsucht liegt der Grund, warum ich immer wieder maritime Themen angehe."

Mit zehn Jahren kommt Schwontkowski 1959 auf ein katholisches Internat im Münsterland. Seine tiefgläubigen Eltern, der Vater Hufschmied und Wagenbauer aus Masuren, die Mutter Putzmachermeisterin aus dem Rheinland, sehen für ihn eine Zukunft als Priester vor. Doch kurz vor dem Abitur verlässt Schwontkowski die Schule – und bezeichnet die religiöse Bildung später dennoch als „spirituelle Erfahrung, die nicht mehr auszulöschen ist". Er beginnt eine Lehre als Schaufenstergestalter, studiert dann Malerei an der Hochschule für Gestaltung in Bremen. Lange bleibt er unsicher, ob er wirklich Maler sein kann. Er fahndet nach Klarheit, nach Wegen, elementare, existenzielle Fragen, wie sie seine geistlichen Lehrer auf dem Internat bewegten, in Bilder zu packen. Er reist nach Afrika, Asien,

Lesen Sie bitte weiter auf Seite 90

„Sea", 2005, Öl auf Leinwand, 150 mal 170 Zentimeter

„Der erste Stein", 2007, Öl auf Leinwand, 60 mal 40 Zentimeter

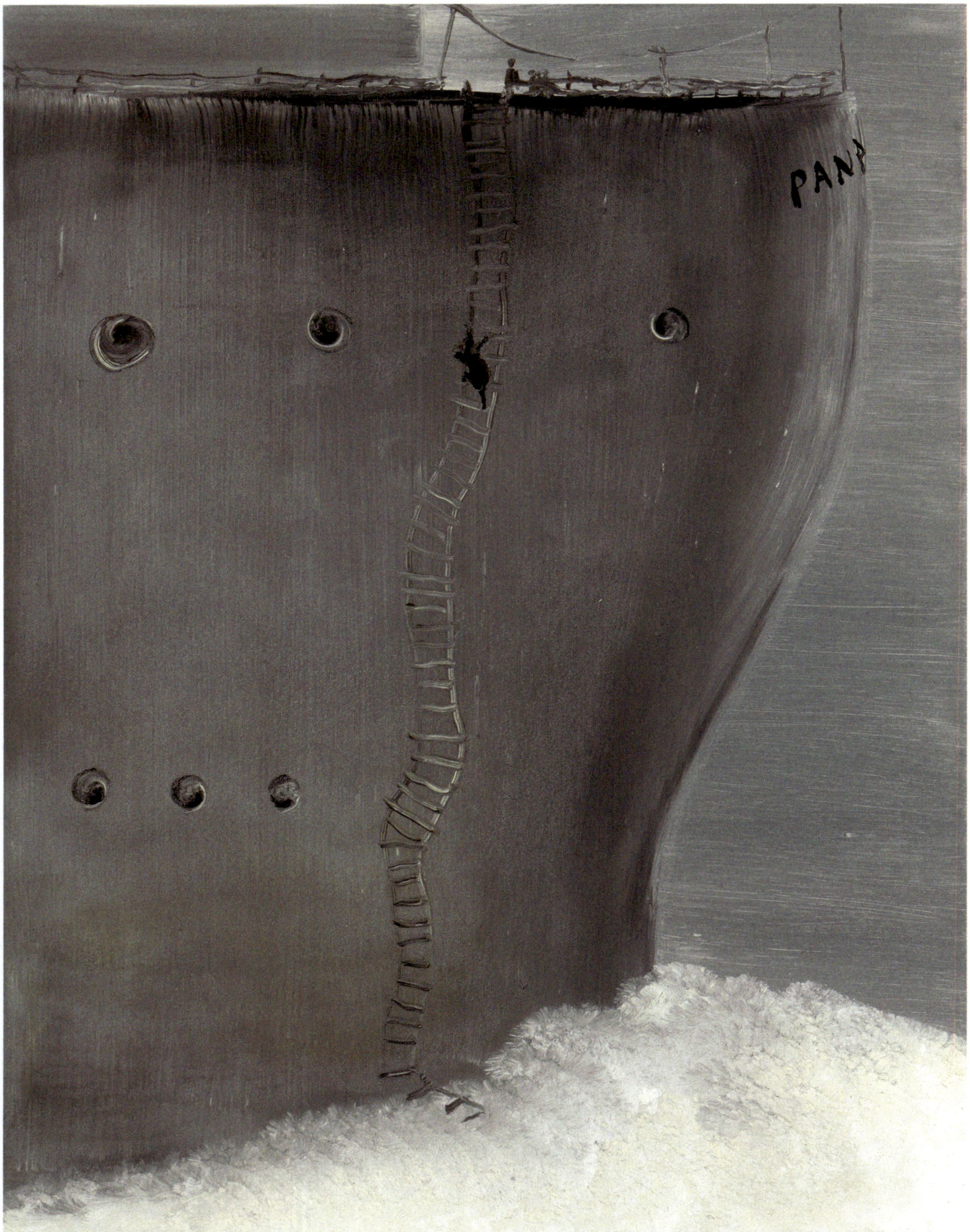

„Lotse", 2009, Öl auf Leinwand,
65 mal 50 Zentimeter

**„Sopot", 2010, Öl auf Leinwand,
200 mal 180 Zentimeter**

Norbert Schwontkowski in seiner Bremer Atelierwohnung im Jahr 2010. Das blaugrundige Bild an der Wand ist ein Selbstporträt aus jüngeren Jahren

„Die Dunkelheit", 2011, Öl auf Leinwand,
180 mal 160 Zentimeter

Lateinamerika. Macht Yoga, meditiert. Trampt nach Afghanistan und zieht nach seiner Rückkehr mit langer Mähne im afghanischen Militärmantel durch die Bremer Hafenkneipen. Viele Nächte durchzecht er, unterhält ganze Tischrunden, witzig, eloquent, zieht sich dann wieder zurück, ist in sich gekehrt, manchmal mürrisch. Als „geselligen Misanthropen" bezeichnet ihn einer seiner Brüder.

Stets trägt er ein Skizzenbuch bei sich, Hunderte füllt er über die Jahre, notiert Ideen, hält Situationen fest, die ihm erzählenswert erscheinen, denn Malerei begreift er „als eine Art, Geschichten zu erzählen", wie er 2010 in einem Interview sagt. „Es war immer meine Absicht, eine einfache Geschichte zu erzählen von etwas, das plötzlich auftaucht, blitzartig, etwas Ereignishaftes, etwas Trauriges oder Lustiges; etwas, das aufscheint und dann wieder entschwindet." Ob diese Geschichten am Hindukusch passieren oder in der Hafenspelunke, spielt keine Rolle. In ihnen muss etwas stecken, das größer ist als sie selbst, grundlegender, darauf kommt es an.

Im Atelier legt er die Leinwände auf den Boden, steht darüber und kippt unterschiedliche Gemische darauf. Leinöl ist dabei, Kreide, Eisenchlorid, Terpentinöl, Binderfarben, Wasser, Tee. Diese Ursuppe verstreicht und gestaltet er mit Rakel und Pinsel. Es dauert lange, die Hintergründe zu erschaffen, mitunter schüttet Schwontkowski Schicht auf Schicht (auch deshalb sind manche Bilder nach Jahren noch nicht richtig trocken und werden es vielleicht nie) und verwirft das Ergebnis am Ende doch. Denn die Hintergründe, die wegen der gewagten chemischen Mixturen je nach Blickwinkel unterschiedlich schimmern und deren Farben sich nicht selten bis heute noch wandeln, müssen zu dem jeweiligen Motiv passen, das Schwontkowski im Kopf hat. Das Motiv sei immer zuerst da, sagt er, dazu suche er dann den passenden Grund. „Stimmungsfelder" nennt er die Fundamente seiner Bilder.

Ist ein Stimmungsfeld gefunden, pinselt er mit lockerem Handgelenk die Figuren darauf, die Szenerie, gerade so genau, dass es reicht, um die Geschichte zu erzählen. Die Motive male er „ungelenk und schnell", sagt er, so schalte er „die Kontrolle aus". Ziel sei es, „den Bildgedanken so anzuschärfen, dass von ihm im besten Fall so etwas wie eine immerwährende Plötzlichkeit ausgeht".

Jedes Beiwerk meidet Schwontkowski, er konzentriert sich auf den Kern. In „Auf See" blickt der Betrachter durch ein ovales Bullauge auf das nächtliche Meer: eine schwarze Fläche, nur unterbrochen durch die weißen Schaumkronen der Wellen, die sich weit hinten im Nichts verlieren. In „... am Meer", das der die Romantik schätzende Schwontkowski zweifellos an Caspar David Friedrichs „Mönch am Meer" anlehnt, sieht man den Geistlichen in einem weiß-grau-braunen Stimmungsfeld, in dem

„The Arabic Sea", 2010, Öl auf Leinwand, 90 mal 60 Zentimeter

„Am blauen Meer", 2010, Öl auf
Leinwand, 50 mal 40 Zentimeter

„La mer trist", 2011, Öl auf Leinwand, 60 mal 90 Zentimeter

Küste, See und Himmel nahezu ununterscheidbar verschmelzen. Anders als in Friedrichs getragenem Klassiker kippt Schwontkowskis Mönch hintüber, mit einem angedeuteten Lächeln im Gesicht, gerät zur slapstickhaften Figur, wobei: Die dunkelrote Lache unter ihm, ist das vielleicht Blut? Die Geschichte bleibt offen, doppelbödig, wie so oft bei Schwontkowski.

Der „gesellige Misanthrop" kombiniert seine schweren, düsteren Gründe immer wieder mit motivischer Leichtigkeit und Lakonie und rundet das Ganze häufig mit Werktiteln ab, die der mitunter fast comicartigen Darstellung eine existenzialistische Bedeutung geben. In einem seiner Bilder kommt ein Zug aus einem dunklen Tunnel und fährt direkt auf den nächsten dunklen Tunnel zu. Der Titel: „Ein ganzes Leben".

Schwontkowskis eigener Weg zwischen den zwei Tunneln verläuft ab den späten Neunzigern zunehmend erfolgreich. Die Anerkennung wächst, er erhält Professuren, erst in Braunschweig, dann in Hamburg. 2004 widmet ihm die Bremer Kunsthalle eine große Schau; es ist eine Art Durchbruch, der ihm auch international Aufmerksamkeit beschert. Schwontkowskis Haare sind da längst kurz, die Militärjacke ist seit Jahren schwarzen Anzügen gewichen, er trägt modische Brillen. Bremen aber bleibt er treu, einer Stadt, die er dafür schätzt, dass sie keinen Hype kenne. „Der Bremer weiß gar nicht, was das ist – höchstens im Fußball." Er kauft sich ein Haus, von dem er lange schwärmt, fünf Gehminuten von seiner geliebten Weser entfernt.

Einige recht unbeschwerte Jahre bleiben ihm dort, dann kommen die Magenprobleme, die Krebsdiagnose, im Juni 2013, mit 64 Jahren, das Ende.

Nach seinem Tod gewinnt Schwontkowski, der auch im Erfolg im Grunde ein Geheimtipp unter Kennern geblieben war, nach und nach ein breiteres Publikum. Mehrere große Schauen im In- und Ausland zeigen seine Werke, seine Bilder erreichen nie geahnte Preise. Vielleicht hat die Entdeckung des Malers Norbert Schwontkowski, der originell war und kompromisslos wie wenige andere, gerade erst begonnen. Die Ausstellung damals in Amsterdam hat er übrigens abgesagt. Die Räume, das Licht, das war ihm nicht gut genug.

Mit Norbert Schwontkowskis Weggefährten Jub Mönster ging Autor Johannes Teschner zu einigen der Hafenkneipen, die die beiden Künstler früher zusammen frequentierten. Ein Laden hieß „Anaconda", ein anderer (mittlerweile geschlossener) „Krokodil". „Da mussten wir natürlich unbedingt rein", erklärte Mönster.

Der Ritt auf der Kanonenkugel war vielleicht sein berühmtester Ausflug. Doch Baron von Münchhausen war ebenso auf und in den Weltmeeren unterwegs. Und natürlich ist nichts davon gelogen

Von Hans Korfmann

Wunderbare Reisen zu Wasser

Linke Seite **Illustration von Gottfried Franz, 1896.** *Unten* **Münchhausens Besuch des Monds, Stich von Gustave Doré**

ANNO 1753 ZOG SICH FREIHERR von Münchhausen, Rittmeister am Hof der Zarin Elisabeth I. in Sankt Petersburg, ins heimische Bodenwerder zurück, wo er seinen Freunden abends von seinen Abenteuern erzählte. Das Talent des Barons, das sich vor allem in maßlosen Übertreibungen manifestierte, amüsierte unter anderen Rudolf Erich Raspe, einen „rothaarigen Mann mittlerer Größe", der, steckbrieflich gesucht, mit einem kleinen Goldschatz aus dem Hause Friedrich II. von Hessen-Kassel nach London fliehen musste.

Als das Gold aufgebraucht war, veröffentlichte Raspe, gute Geschäfte ahnend, Münchhausens Erzählungen 1785 erstmals auf Englisch. Als das Buch in die fünfte Auflage ging, glaubte auch Gottfried August Bürger, dass mit diesem Münchhausen Geld zu machen sei, und übersetzte die Erzählungen zurück ins Deutsche. So erschien vor etwa 250 Jahren ein Buch, dessen etwas umständlicher Titel lautete „Die Wunderbaren Reisen zu Wasser und zu Lande. Feldzüge und lustige Abenteuer des Freiherrn von Münchhausen, wie er dieselben bei der Flasche im Zirkel seiner Freunde selbst zu erzählen pflegt".

Münchhausen hat von der Veröffentlichung erst erfahren, als das Volk ihn bereits als „Lügenbaron" verspottete – ein Titel, der ihn ärgerte. Er sah sich nicht als Lügner, sondern als Erzähler. Vielleicht wäre ihm der zweifelhafte Ruf erspart geblieben, hätte er sich nicht selbst zum sagenhaften Held seiner Geschichten gemacht, der Löwen und Krokodile mit bloßer Hand überwältigt und feindliche Sub-

Baron von Münchhausen, wie ihn der französische Illustrator Gustave Doré um 1800 sah

jekte über große Distanzen auf den Millimeter genau trifft.

Auch als Seefahrer gibt er sich so erfolgreich wie Odysseus oder Sindbad. Zehnmal sticht er in See, reist nach Ceylon, durchkreuzt das Mittelmeer, segelt nach Sizilien, Ostindien, Amerika, Ägypten und dringt bis ins Eismeer vor, um der Zarin ein Eisbärenfell mitzubringen. Die ist derart entzückt, dass sie ihm einen Heiratsantrag macht, „den der Baron höfflich ablehnet", da ihn „das Leben auf hohem Fuße überhaupt nicht interessierte". Ob er das Angebot eines Paschas annahm, der ihm zum Dank für seine Dienste seinen Harem anbot, wird nicht erzählt, denn mit „Liebesabenteuern" pflegt der Baron „nicht grosszutun".

Bei diesem Baron, so schreibt Raspe im Vorwort der englischen Ausgabe, handele es sich um einen Mann von äußerst „origineller Laune", der in „ganz eigentümlichem Ton" erzähle und „die Kunst zu lügen" beherrsche. Auch Gottfried August Bürger sieht keinen Lügenbaron, sondern einen Dichter, dessen Werk mehr wert sei „als eine große Menge dickbeleibter, ehrenfester Bücher, bei denen man weder lachen noch weinen kann".

Wäre Münchhausen selbst auf die Idee gekommen, seine Geschichten zu veröffentlichen, hätte er kaum bessere Herausgeber finden können als diese beiden. Raspe hatte sich als Bibliothekar, Schriftsteller und Professor einen Namen gemacht, und Bürger, ein Jugendfreund Goethes, der auch Shakespeare und Homer übersetzte, galt als begabter Literat. Er trug einen Ehrendoktortitel, eine bezahlte Anstellung aber erhielt der aufmüpfige Denker nie.

Alle drei, Raspe, Bürger und Münchhausen, hatten im wahren Leben wenig Erfolg und starben arm und wenig glücklich. Reich wurden nur die Verleger in England, Frankreich, Spanien, Südamerika, wo Münchhausen als Munikhouson oder Barón de la Castaña, als Monsieur Crac oder Baron Manx vermarktet wurde. Raspe und Bürger hatten aus Münchhausen einen Bestseller gemacht, der, in

60 Sprachen übersetzt, Millionenauflagen erreichte, wobei sie nicht nur als Übersetzer und Herausgeber fungierten, sondern als Co-Autoren und Ghostwriter – acht von zehn Seeabenteuern stammen komplett aus Raspes Feder.

Raspe hatte zuvor die „Wahren Geschichten“ von Lukian gelesen, der bereits 200 Jahre nach Christus zum Mond reiste und seine seefahrenden Protagonisten ins Innere eines Wals abtauchen ließ – ein Thema, das seitdem aus der maritimen Literatur nicht mehr wegzudenken ist. Raspe greift es gleich mehrmals auf: Einmal nimmt der Baron ein Bad im Mittelmeer, da kommt ihm mit rasender Geschwindigkeit ein geöffnetes Maul entgegen. Er wird verschluckt, und weil es ihm im Magen des Tiers bald zu unbequem wird, beginnt er „einen schottischen Triller“ zu tanzen, der bei dem Wal so heftigen Schluckauf verursacht, dass er senkrecht aus dem Wasser aufsteigt, wo ihn ein italienischer Walfänger erlegt. „Unmöglich lässt sich das Erstaunen schildern, als die Walfänger eine Menschenstimme aus dem Innern des Fisches vernahmen.“

Auf einer Reise nach Nordamerika reißt ein Wal ein Loch in die Bordwand seines Schiffs, der Untergang naht, doch der Baron steckt seinen „Liebwertesten“ in das klaftergroße Loch. Natürlich „ohne die Beinkleider abzuziehen. Man muss sich eben nur zu helfen wissen!“ Die dritte Begegnung mit einem Wal findet auf seiner letzten Seereise statt. Dieser Fisch ist so groß, dass er gleich das gesamte Schiff verschluckt. Mit Fackeln ausgerüstet, erkunden die Seefahrer das Innere des Tiers, entdecken „Anker, Taue, Boote und eine beträchtliche Anzahl Schiffe“ und weiter hinten „gegen zehntausend Menschen aller Nationen“.

Münchhausen, bereits nach zwei Tagen Präsident des unterseeischen Volks, kommt bald die rettende Idee: Als das Ungeheuer gähnt, rammen sie dem Tier ihre Schiffsmasten zwischen die Kiefer und fliehen durch das weit geöffnete Maul in die Freiheit. ➢

Seine erste Seereise führt den Baron auf die Insel Ceylon. Illustriert von Gustave Doré in einer Ausgabe von 1890

Auch als Jäger erfolgreich: Der Baron fischt Enten mit einem Stück Schinkenspeck. Illustration von Gustave Doré

Raum, Zeit oder die Grenzen der Realität interessieren Münchhausen nicht. Er überspringt sie mit spielerischer Leichtigkeit und hat für nörgelnde Realisten nur Spott übrig. Schon am Ende der ersten Jagdepisoden aus Russland bat er eventuelle Zweifler an seiner Aufrichtigkeit, „sich lieber zu entfernen“, ehe er mit den Seeabenteuern begänne, die zwar ebenso wahr, aber noch viel unwahrscheinlicher seien. Das ist kaum übertrieben.

Schon auf der ersten Seereise gerät er, gerade hat er den Fuß auf die Insel Ceylon gesetzt, in eine äußerst missliche Lage: Vor sich einen Löwen, hinter sich das aufgerissene Maul eines Alligators, rechts ein Abgrund und links ein reißender Strom, duckt sich der Unerschrockene just in dem Moment, als der Löwe zum Sprung ansetzt. „Da steckte nun der Kopf des einen Untiers im Schlund des anderen.“ Aus dem Löwenfell lässt der Jäger Tabakbeutel fertigen, während das riesige Krokodil im Museum von Amsterdam landet, wo der Museumswärter den Besuchern die Geschichte „vom weltberühmten Baron“ und dem Löwen erzählt. Dabei mache „er dann freilich einige Zusätze“ und übertreibe maßlos. „Ich brauche Ihnen nicht zu sagen, meine Herren, wie unangenehm mir die Unverschämtheit dieses Schurken sein muss.“

Doch der Baron kann nicht nur übertreiben, er wird sogar poetisch, als auf der siebten Reise ein überdimensionales „Seepferd in äußerster Wut“ auf ihn losgeht. Natürlich zähmt er das Ungeheuer, sitzt auf, als sei es sein Gaul, und „reitet mit der größten Leichtigkeit durch den Ozean hin“. Dann taucht er in die Tiefen ab, wo sich Fische versammeln, die „unaussprechlich schöne Chöre“ singen und an gläsernen Palästen und rot beleuchteten Freudenhäusern bauen. „Verschiedene Zimmer dieser Gebäude waren auf eine sehr sinnreiche und bequeme Art zur Begattung der Fische eingerichtet.“

Wo er kann, lässt er der Fantasie freien Lauf, und wann immer er kann, prahlt er. Bescheidenheit ist seine Stärke nicht, er kann drei Monate lang durchschlafen, in wenigen Stunden von Istanbul nach Venedig segeln, zum Mond fliegen und auf Kanonenkugeln reiten. Es gibt kein Wesen, das ihm das Wasser reichen könnte, abgesehen von seinem geliebten Jagdhund, der immer an seiner Seite ist. Das Tier verfügt über ähnlich erstaunliche Fähigkeiten wie sein Herrchen und schlägt selbst auf hoher See an, wenn sich ein Hai mit sechs lebendigen Rebhühnern im Magen dem Schiff nähert.

Die Liste der Siege, Entdeckungen und Abenteuer des Barons ist lang: Auf Sizilien springt er in den Ätna und reist 100 Jahre vor Jules Verne zum Mittelpunkt der Erde, um im Eismeer wieder aufzutauchen. Dort gerät er in einen Sturm, der ihn auf eine Insel verschlägt, die, wie er überrascht feststellt, nichts als ein riesiger, schwimmender Käselaib ist. In den Flüssen der Insel fließen Milch und Wein, auch sonst fehlt es den Bewohnern an nichts. Da sieht er drei Männer, kopfüber am Baum aufgeknüpft. „Ich erkundigte mich, was sie begangen hätten, um so eine harte Strafe zu verdienen, und hörte, sie wären in der Fremde gewesen und hätten bei ihrer Heimkehr Geschichten erzählt, die sich nie zugetragen hätten. Ich fand die Strafe sehr gerecht, denn nichts ist mehr eines Reisenden Schuldigkeit, als strenge der Wahrheit anzuhängen."

Der wahre Hieronymus Carl Friedrich von Münchhausen starb 1797, das einzige Bild, das von ihm erhalten ist, zeigt einen schüchtern wirkenden Mann. Hätte man ihm erzählt, dass sein Konterfei dereinst in Museen zu sehen sein würde, dass er auf Kaffeedosen, Schlüsselanhängern, Zinnfiguren, Spielkarten und sogar auf einem Geldschein seiner alten Heimat verewigt werden würde, dann hätte er das alles sicherlich für übertrieben, wenn nicht für eine Lüge gehalten.

Der Berliner Autor Hans Korfmann hörte im Radio zufällig von einer amüsanten Geschichte über eine Insel, die ein einziger großer Käse war. Als er erfuhr, dass der Urheber Baron Münchhausen hieß, wurde er neugierig. Und begann nachzuforschen.

Auf einer Reise, so der Baron, war es so kalt, dass die Sonne Frostbeulen bekam. Illustration von Gustave Doré

Klaus Theweleit:
„a-e-i-o-u. Die Erfindung des Vokalalphabets auf See, die Entstehung des Unbewussten und der Blues“,
Matthes & Seitz, Berlin, 2023, 287 Seiten, 28 Euro

Vokale, in den Wind gesprochen

Was hat das Meer mit dem griechischen Alphabet und dem Blues zu tun? Kulturwissenschaftler Klaus Theweleit hat eine Idee dazu

mare: *DAS GRIECHISCHE VOKALalphabet, aus dem sich das altitalische, etruskische und schließlich lateinische Alphabet entwickelt hat, ist das Thema Ihres neuen Buchs. Wie kamen Sie dazu?*
Klaus Theweleit: Hintergrund ist der seit Jahrhunderten auf vielen Feldern laufende Streit über die Herkunft unserer sogenannten abendländischen Kultur. Ist sie in ihrem Kern mehr griechisch, mehr jüdisch, mehr orientalisch oder noch anders bestimmt? Einigkeit besteht nur darin, dass die Durchsetzung des Vokalalphabets ab circa 800 vor Christus eine entscheidende Rolle darin spielt.

Sie sind nicht der Erste, der sich mit der Entstehung des Vokalalphabets beschäftigt hat. Im 2006 erschienenen Buch „Die Geburt des Vokalalphabets aus dem Geist der Poesie“ wird die These vertreten, dass die Vokalalphabetisierung eine Leistung der alten Griechen war.
Die zwei Herausgeber des Bandes, Friedrich Kittler und Wolfgang Ernst, sehen diese als spezielle Leistung des Autors Homer, der zum Zweck der Niederschrift der Ilias dieses Alphabet erfunden und angewandt habe in der Versform des Hexameters. Die Gründe, aus denen ich dieser Sicht, was den Erfinder-Autor Homer betrifft, eher nicht folge, lege ich dar im Buch. Mit dem Hexameter sieht es anders aus – die Versform spielt eine entscheidende Rolle bei der Erfindung und Durchsetzung des griechischen Vokalalphabets im gesamten Mittelmeerraum zwischen dem siebten und vierten Jahrhundert vor Christus.

Denker ohne Grenzen: Klaus Theweleit

Sie schreiben, gestützt auf einschlägige Forschung, dass der Hexameter weit vor Homer entsteht; dass es große orientalische Einflüsse bei ihm gibt; dass die Kolonisierungsbewegungen, in denen sich Sprachen vermischen, eine Rolle spielen bei der Entwicklung des Vokalalphabets. Ihre eigene These ist, dass dabei der Seefahrt besondere Bedeutung zukommt.
Die vier Jahrhunderte nach der Zerstörung Trojas um 1230 vor Christus durch die sogenannte Palastkultur der mykenischen Griechen gelten allgemein als die „dunklen Jahrhunderte“ Griechenlands, weil es so gut wie keine schriftlichen Dokumente aus dieser Zeit gibt, insbesondere keine literarischen oder historischen, sondern nur Handels- und Verwaltungsdokumente in der altkretischen Schrift Linear B, die von den Griechen übernommen worden war. Aber natürlich kommunizierten die Griechen untereinander, und zwar überwiegend mündlich.

Und dabei spielte die Seefahrt die entscheidende Rolle?
Glücklicherweise sind wir nicht nur auf Schriftliches angewiesen, wenn es um die Geschichte von Menschheitsphasen geht. Es gibt Archäologen, Architekten, Biologen, Chemiker, Nautiker. Eines ihrer Ergebnisse, kurz zusammengefasst: Das griechische Mykene geht in der Zeit nach 1200 vor Christus zugrunde. Ihr Herrschaftsgebiet, der Peloponnes, wird in den folgenden Jahrhunderten zu großen Teilen entvölkert. Mehr als die Hälfte der Bewohner verlässt das Land und geht auf See, verteilt sich über Tausende von Inseln in der Ägäis in vielen kleinen Königtümern oder kolonisiert Küsten. Das zieht sich über 400 Jahre – an deren Ende das Vokalalphabet erscheint; das bildete in mir den Gedanken, seine Entstehung müsste irgendetwas mit der Seefahrt zu tun haben. Zumal ein staatliches Gebilde namens Griechenland ja nicht mehr existierte. Sie hingen nur noch durch ihre gemeinsame Sprache zusammen.

In Ihrer Vorstellung wurde das Vokalalphabet von griechischen Händlern, Seefahrern und Piraten erfunden, damit sie sich zwischen Wind und Wellen besser verständigen können. Stimmt es, dass Sie den entscheidenden Hinweis Ihrer Frau zu verdanken haben, die von Sylt kommt?
Als ich mit meiner Frau darüber sprach, das Entstehen dieser neuen Vokalität erklärbar zu machen, sagte sie spontan: Aber ja, von Sprache, über das Wasser gerufen, kommen nur die Vokale an. Konsonanten gehen unter in Winden-, Ruder-, Segel- und Seegeräuschen. Und wer immer sich mit Meer auskennt, hat das in der Folge bestätigt. Friedrich Kittler hat das auch experimentell nachgewiesen an den Inseln, vor deren Ufern Odysseus am Mast den Sinn des Singens der Sirenen verstanden haben will. Das allein hätte aber noch nicht gereicht als Erklärung dafür, dass hier ein neues Medium entstand. Es musste irgendwann ein Vorgang hinzugekommen sein, der eine bestimmte Aussprache der Vokale normiert hat. Aus den Büchern über die frühe griechische See-

fahrt, die ich dazu las, schälten sich Rituale heraus. So sollte jedes Schiff, das bestimmte Pläne verfolgte, sich hierfür den Segen einer der Orakelstätten abholen. Hier trafen das ganze Jahr über griechische Schiffe aufeinander – durch nichts verbunden als die Sprache, eine gemeinsame Vergangenheit auf dem Peloponnes und den Sieg über Troja. Diesen Sieg zu besingen war im Lauf der Jahrzehnte ein gemeinsames Verfahren geworden. „Zu besingen" ist dabei keine poetische Metapher. Die Texte wurden tatsächlich gesungen, sowohl an Bord der Schiffe wie auch bei jedem Treffen der Griechen. Fast alle Schiffe führten einen Sänger an Bord, den Aoiden. An jeder Orakelstätte traten diese Sänger auf und übten sich im Wettstreit. Hier wird nun der Hexameter zentral.

Sie sagen, die poetische Rhythmisierung sei Voraussetzung für die gehirnliche Speicherung von Ereignissen.
Ja. Die aktuelle Forschung sagt, dass mündlich Weitergegebenes sich höchstens 90 Jahre erhält. Dann wird es überschrieben, umgemodelt, verändert. Ausnahmen sind Gebete und poetisch rhythmisch Festgehaltenes. Poetisch rhythmisch festgehalten werden die Gesänge der Aoiden an Bord der griechischen Schiffe, und zwar in der Hexameterform. Diese garantiert, dass die Griechen auf See die Troja-Erzählung über 400 Jahre aufrechterhalten, bevor Homer sie in der Ilias schriftlich niederlegt.

Sie haben selbst biografische Verbindung zum Meer – wuchsen in Schleswig-Holstein auf und studierten in Kiel Germanistik und Anglistik, wo Sie auch auf einer Werft arbeiteten. Welche Bedeutung hat das, wenn Sie über das Meer schreiben?
Das hat kaum eine Bedeutung. Als Student auf der Howaldtswerft zu jobben macht noch keinen Seemann aus einem.

Sirenengesänge versus Vokalalphabet: auch Homers Odysseus ist Teil der Beweisführung

Mit 15, 16 Jahren hab ich mal fantasiert, zur See zu gehen. Als ich dann las, auf der Nordsee im Winter würden einem die Hände an der Reling festfrieren, ließ ich lieber die Finger davon. Aber wir sind, da meine Frau die Freiburger Hitze nicht aushält, regelmäßig längere Zeit auf Sylt. Mein Meerkontakt – schwimmend sowie optisch – ist gut intakt.

Ihr Werk als Ganzes zeichnet sich durch eine besondere Freiheit aus. Ihnen wurde schon als junger Wissenschaftler eine „ungezügelte Intelligenz" zugeschrieben. Bei Ihnen ist es nie weit von den alten Griechen zur Nouvelle Vague, zu Godard, zu Pasolini, zu William Turner, zu Herman Melville, zu Hokusai, zu Herbert Achternbusch, zu Heidegger, zu James Baldwin, zu Frantz Fanon und zum Blues, den Sie als Hobbymusiker selbst spielen.
Die Entwicklung des Hexameters, der in den Augen vieler zur Grundlage unserer heutigen Kultur geworden ist, hat circa 400 Jahre kollektiver Arbeit in Anspruch genommen. In meiner Wahrnehmung ist diese griechische Dominanz aber nicht mehr gegeben. Für mich ist die Grundlage unserer heutigen Kultur – spätestens nach dem Zweiten Weltkrieg – die Musik der amerikanischen Schwarzen, begonnen in Sklavengesängen, aus denen der Blues wurde. Dessen Entwicklung zur Zwölf-Takt-Form hat etwa 300 Jahre gedauert, amerikaweit und dann weltweit durchgesetzt über das Radio, den „Homer des Blues" sozusagen. Diese beiden Vorgänge setze ich in Verbindung. Black Music ist die Grundlage der Körperlichkeit der nach dem Krieg Aufgewachsenen.

Ihr Buch schließt mit einem recht maritim ausgefallenen Songverzeichnis, es ist auch eine Reise aus der griechischen Meereswelt zu den Gestaden des „Black Atlantic", zum Strom der Kulturen seit der Verschleppung afrikanischer Völker in die Neue Welt, zu den flottierenden Kulturen in der Diaspora. Was der Blues mit dem Vokalalphabet der griechischen Seeleute zu tun hat, haben Sie entwickelt. Was verbindet die beiden für Sie?
Die Griechen haben kein eigenes Kernland, sind keine Nation, als sie das Vokalalphabet entwickeln, so wenig wie die nordamerikanischen Schwarzen auf ihrem Weg zum Blues, ihrem Weg ins „Gelobte Land". Beide Kulturbewegungen entstehen in der Diaspora, so ist das meiner Wahrnehmung nach mit so gut wie allen bedeutenden Kulturveränderungen. Sie entstehen mehr oder weniger in Exilen. Nun gibt es Menschen, die in den einbrechenden Erstarrungen solcher historischer Umwälzungen behaupten, immer schon da gewesen zu sein, wo sie sind. Sie sind offenkundig dazu da, die Schönheiten solchen Wandels nicht nur nicht zu bemerken, sondern zu zerstören.

Das Gespräch führte Marc Peschke.

Edi Matić:
„Abtrünniger vor Inselpanorama“,
aus dem Kroatischen von Alida Bremer, Edition Converso, Karlsruhe, 2023, 253 Seiten, 24 Euro

Rettendes Eiland

Ein kroatischer Roman, der viel von Mensch und Meer versteht

KLUGE MUSKELMÄNNER WISSEN, wann sie untertauchen sollten. Jadran Grobarek, Bodyguard eines korrupten Ministers in Zagreb, verschwindet lieber, nachdem sein Chef zum Mörder wird. Danach findet er als Mönch verkleidet Zuflucht auf einer Insel, die in der Nebensaison ganz den Einheimischen gehört.

Der 1962 in Split geborene Schriftsteller Edi Matić zieht die Leser und Leserinnen gekonnt hinein in diesen von Wind, Wellen und allerlei menschlichem Tohuwabohu gezausten Miniaturkosmos. Matićs Meisterschaft besteht darin, dass er dies ohne idyllisierende Possierlichkeit tut und scheinbar mühelos den Hardcore-Naturalismus des Erzählten mit den „letzten Fragen“ verbindet. Auf diese wird der abtrünnige Jadran gestoßen, nachdem er mit dem sensibel-robusten Inselpriester Freundschaft geschlossen hat. Dank dieses Älteren beginnt er das irdische Getriebe viel besser zu begreifen und bald etwas zu ahnen vom unbändigen Eigenleben des Meers. „Jadran war oft am Meer gewesen. Die ersten Male nannte er das Meer noch das Wasser, wie alle Menschen, die im Hinterland leben.“ Er erhält Einblick in die Geheimnisse des Tintenfischfangs und muss dann doch erleben, wie ausgerechnet der bewunderte Priester auf dem Meer zu Tode kommt. Soll er womöglich nun sogar die Totenmesse halten? Schließlich kommt Besuch vom Festland, und die Handlung dieses spannenden und subtilen Romans nimmt einen weiteren unerwarteten Verlauf. Was für eine kraftvolle, vom Menschen ebenso wie vom Meer wissende Prosa.

Marko Martin

Asta Nielsen, Kat Menschik (Illustration):
„Im Paradies“,
Galiani, Berlin, 2023, 112 Seiten, 22 Euro

Rollentausch auf Hiddensee

Ein echtes Schmuckstück: die still humorigen Erzählungen des Stummfilmstars Asta Nielsen, illustriert von Kat Menschik

„HEUTE MÜSSEN UNSERE GÄSTE nach dem Festland zurück“, schrieb Asta Nielsen Ende Juli 1929 in ihr Tagebuch. „Ringelnatz war so froh, von der Natur wieder fliehen zu können, dass er vor Freude sein neues großes Seidentaschentuch als Abschied ins Meer fliegen ließ.“ Der Dichter und seine Frau besuchten den dänischen Stummfilmstar auf Hiddensee, wo sich die Nielsen ein Haus namens „Karusel“, erbaut von Max Taut, gekauft hatte. Dort fanden sich jeden Sommer illustre Gäste aus Film und Theater ein, schließlich hatte Nielsen in über 70 Leinwandproduktionen Hauptrollen gespielt. Darunter waren Welterfolge wie „Hamlet“ und „Hedda Gabler“.

Aber Asta Nielsen hielt nicht nur Hof auf Hiddensee, sie schrieb auch Erzählungen. Darin berichtet sie von einem champagnergetränkten Fest beim Dichter Bobby Ringelke alias Ringelnatz, vom Besuch bei einem skurrilen Geigenbauer, von einer Weihnachtsfeier in Italien kurz vor Ausbruch des Zweiten Weltkriegs sowie von einer unvergesslichen Rose aus einem Kopenhagener Galanteriegeschäft.

„In ihren Geschichten setzt sie ihre Liebe zum Detail, zur Genauigkeit und zur Lust am Fabulieren fort“, schreibt Karl Huck im Nachwort. Der Puppenspieler der Seebühne Hiddensee hatte die Idee zu dieser Edition. Kat Menschik hat dazu lichtblaue Seestücke gemalt, schöne Frauen am Strand, dicke Männer im Meer. Zwei davon sind als Reichspräsident Friedrich Ebert und Minister Gustav Noske auszumachen, gezeichnet nach jenem berühmten Badehosenfoto, mit dem die deutsche Rechte schon im August 1919 die Weimarer Republik verhöhnte.

Fast ganz blau: die Bohème am Strand

Asta Nielsen war eine genaue Beobachterin der politischen Verhältnisse. Nach einem Ausflug der Hitlerjugend nach Hiddensee kam sie ab 1935 nicht mehr auf die Insel. Ein Jahr später verließ sie Deutschland und schlug alle Angebote der Nazis für neue Filmprojekte aus. „Ob die Möwen auf Hiddensee wohl manchmal an mich denken?“, fragte sie in ihrer Autobiografie „Die schweigende Muse“ von 1946, die von der Kritik gefeiert wurde. Auch ihre Erzählungen sind Meisterwerke aus leisem Humor und wehmütigen Erinnerungen an ein Paradies, in das sie nicht mehr zurückkehren sollte.

Holger Teschke

Jón Kalman Stefánsson:
„Dein Fortsein ist Finsternis“,
aus dem Isländischen von Karl-Ludwig Wetzig,
Piper, München, 2023,
544 Seiten, 25 Euro

Eine Island-Saga

Jón Kalman Stefánsson schwebt zwischen Prosa und Poesie

MIT GROSSER BESTÄNDIGKEIT bringt Island neue, zum Teil sehr erfolgreiche Literatur in die Welt. Wie die Romane von Jón Kalman Stefánsson, der mit seinem Buch „Himmel und Hölle“ international bekannt wurde. Sein neues Werk ist eine Familiensaga, die zwei Jahrhunderte überspannt. Als ein Dichter, der Romane schreibt, hat sich der Autor selbst bezeichnet. Und so schwebt der Ton dieser Literatur zwischen Prosa und Poesie.

Der Protagonist wacht in einer Kirche an einem Fjord auf, kann sich an nichts mehr erinnern, sieht nur, was ihn umgibt: „Die tiefe Stille draußen wird hier und da von Schafsblöken und fernem Vogelgeschrei unterbrochen, die Fenster rahmen blauen Himmel ein, Meer, Streifen von grünen Wiesen, einen kahlen Berg.“ Nach und nach fügen sich Dinge zusammen, die ihm von verschiedenen Menschen erzählt werden, am Ende des Buchs schafft ein Personenverzeichnis Überblick. Immer wieder reichen diese Berichte weit zurück: Das Buch ist eine Geschichtensammlung, aus der sich das Leben des Icherzählers neu zusammensetzt, und eine Hommage an die Literatur selbst, an ihre bewahrende Kraft. Was die Geschichten verbindet, ist die Gewissheit, dass sich das Tun vergangener Generationen in die Gegenwart fortschreibt und in uns weiterlebt. Und es ist die Kraft der Beschreibung: das Meer, die Berge, die Kälte, die Naturgesetze spielen immer eine Rolle bei Jón Kalman Stefánsson, der einmal gesagt hat, dass es auf der Welt keine wahren Geschichten gibt. Was ganz und gar nicht gegen dieses Buch spricht.

Marc Peschke

Irina Kilimnik:
„Sommer in Odessa“,
Kein & Aber, Zürich, 2023,
298 Seiten, 24 Euro

Das Verhängnis der Stadt am Meer

Die gebürtige Ukrainerin Irina Kilimnik hat ihrer Heimatstadt einen Familienroman gewidmet, der das Leben beschwört

ODESSA. DIE GROSSE, ALTE STADT am Schwarzen Meer. Ihr Name besaß einen verführerischen Klang, sie genoss den Ruf, das „Tor zur Welt“, das „San Francisco des Ostens“, die „Stadt der schönsten Frauen“ zu sein. Sie war Teil des sagenhaft großen Osmanischen Reichs, ihr Name aber soll vom griechischen Seefahrer Odysseus stammen. Odessa ist eine Stadt voller Mythen und Geschichten.

Die in der Ukraine geborene Autorin Irina Kilimnik hat nun eine weitere Geschichte hinzugefügt. „Sommer in Odessa“ beschreibt keine verklärende Sommeridylle abseits von Raum und Zeit, sondern berichtet aus einem Land, in dem es einen Krieg und eine Epidemie gibt und in dem patriotische Odessiter in der Straßenbahn mit prorussischen Kommunisten aneinandergeraten und sich gegenseitig als Verräter beschimpfen. Es braut sich etwas zusammen über der Stadt am Meer.

Olga verbringt die Ferien mit ihren Cousinen und Tanten traditionell bei ihrem übellaunigen Großvater in einer Datscha abseits der Stadt, wo die Lichter Odessas aus weiter Ferne flackern und die Sommer „gefüllt sind mit gebratenem Fisch und Auberginen, Strandausflügen und dem Gefühl, vom Studium aufzuatmen“. Überall, erzählt Olga, „riecht es nach Meer. Der Geruch dringt in jeden Winkel, hinter jede Fassade, in jede Wohnung“, wo er sich mit dem Duft des „blühenden Fliederbusches“ oder dem „Gestank eines vorüberfahrenden Müllwagens“ vermählt. Und so wie sich in diesem sommerlichen Bild der süße Duft des Flieders mit dem Gestank des Mülls vermischt, so wird das süße Leben Odessas in Kilimniks Buch ständig überschattet von den Ereignissen der Gegenwart. Vor diesem geschichtlichen Hintergrund liegt Olga mit ihrem besten Freund, einem ständig bekifften Kommilitonen aus Indien, und mit Mascha, ihrer besten Ratgeberin in Liebesangelegenheiten, am Strand, raucht und sinniert über das Leben. Sie ist unglücklich verliebt – „Zwei Tage lang ertränkte ich meinen Kummer im Schwarzen Meer und schwor anschließend, mich nie wieder zu verlieben“ –, wird von einem ukrainischen Patrioten als Enkelin eines alten Kommunistensacks beschimpft – „Mein Kopf fühlte sich auf einmal leer an und die Beine schwer wie Blei“–, und sie beobachtet auf der Geburtstagsfeier des Großvaters die in ihre Lippenstifte vernarrten Frauen Odessas beim Essen – „So viele auseinanderklaffende rote Münder habe ich noch nie auf einem Haufen erlebt!“ Während dieser Geburtstagsfeier erscheint überraschend ein alter Freund des Großvaters, der vor Jahren nach New York ausgewandert ist und dort sein Glück gemacht hat. David bleibt einige Tage, erzählt von alten Zeiten, und die Frauen im Sommerhaus ahnen, dass dieser Mann mehr über die Vergangenheit der großen Familie weiß als sie selbst.

Vor der Kulisse einer sonnigen und maritimen Landschaft, an deren Horizont sich ein Sturm zusammenbraut, erzählt die Autorin eine Familiengeschichte. Damit gelingt es ihr, das von aktuellen Schlagzeilen geprägte Bild einer Stadt, die schon kontaminiert und aller Romantik beraubt ist, noch einmal in den Hintergrund treten zu lassen.

Hans Korfmann

Pascal Rabaté:
„Unter den Kieseln der Strand“,
aus dem Französischen von Désirée Schneider, Splitter, Bielefeld, 2023, 144 Seiten, 29,80 Euro

Sommerfrische mit Sozialkritik

Eine französische Graphic Novel erzählt von einer verhängnisvollen Ferienliebe und verlegt den Klassenkampf an den Strand

DIE VILLEN WERDEN DICHTGEmacht. Die Strände verwaisen. Der Sommer an einem Ort an der französischen Atlantikküste geht zu Ende. Zurück bleiben Albert, Francis und Édouard, die ihre Freiheit genießen, bevor sie in Eliteunis oder zum Drill der Militärakademie müssen. Sie plündern die Weinkeller ihrer Eltern, baden nachts im Meer und gestehen sich ihre Erektionen unter Wasser, nachdem Odette, eine geheimnisvolle junge Frau, sich zu ihnen gesellt hat.

Während zwei von ihnen auf ein erstes sexuelles Abenteuer hoffen, verliebt sich Albert in Odette. Diese aber ist Teil einer Gang, die leer stehende Luxusresidenzen ausplündert. Meist finden sie Kunstgegenstände, oft aus ehemaligen Kolonien geraubt. Albert, der seine Liebe beweisen will, schließt sich den Außenseitern an, auch wenn er so seine Karriere in der Armee gefährdet.

Pascal Rabatés Zeichnungen zeigen großartig das Wechselspiel der unterschiedlichen Welten. Mal sind sie hell und leicht wie ein Tag am Strand, mal schwarz und drohend wie die Nacht. Zwar hat Rabaté als Zeit den Spätsommer 1962 gewählt, in dem die ersten nach dem Zweiten Weltkrieg Geborenen erwachsen werden – doch die Geschichte ist zeitlos. In feinsinnigen Texten sinniert er über sozialen Zwang und die Macht der Herrschenden und stellt die Verteilung von Reichtum infrage. Als die drei Männer am Strand den ersten freien Abend genießen, rufen sie: „Nun ist es perfekt. Blick aufs Meer und unser Erbe im Rücken.“ Autor und Zeichner Rabaté dagegen stellt seinem Buch sehr unmissverständlich ein Zitat des Anarchisten Pierre-Joseph Proudhon voran: „Eigentum ist Diebstahl.“

Katja Engel

Dennis Gastmann:
„Dalee“,
Rowohlt, Hamburg, 2023, 416 Seiten, 24 Euro

Das Meerestier

Abenteuerlich schöner Roman über schwimmende Elefanten

ALS EUROPÄER EINEN ROMAN über einen indischen Jungen und dessen Freundschaft mit einem Elefanten zu schreiben ist ein Wagnis, auch für einen weitgereisten Autor wie Dennis Gastmann. Inspiriert hat ihn die alte Fotografie eines schwimmenden Elefanten – mithin die Schwerelosigkeit, die ein tonnenschwerer Dickhäuter im Meer wohl empfinden muss.

Ein Gefühl, dass sich wunderbar auf das Werk übertragen hat: Ein rostiger Dampfer mit einer Elefantenherde im Bauch sticht in Kalkutta in See, an Bord sind der Junge, seine Familie und ihr Arbeitselefant Dalee. Sie erreichen eine ehemalige Strafkolonie, hier soll der Junge das Handwerk des Elefantenführers erlernen. Oder wie der Autor ihn sagen lässt: „Nicht so dicht am Äquator, dass man seine nassen Kleider daran aufhängen konnte. Nahe jedoch, um sein Fieber zu spüren, die Schwüle, die den Menschen wie Leim überzieht, die ihn umschlingt und allmählich seiner ganzen Kraft beraubt. Dort begannen wir ein neues Leben.“ Es ist der einzige Ort, an dem Elefanten schwimmend das Meer durchqueren. „Es war, als lüftete sich der Vorhang eines Theaters. Der große Graue schob das, was ihm eben noch Angst einjagte, restlos beiseite. Den Donner in den Wellen, die draußen vor der Bucht in Schaumgarben über die Riffe sprangen. Alles verflog … Dalee wandelte in die See, langsam und verträumt wie ein Schlafender.“ Wer so schreiben kann, besteht literarische Wagnisse mit Leichtigkeit.

Roland Brockmann

An dieser Stelle berichtet mare regelmäßig über neue Bücher aus seinem aktuellen Verlagsprogramm

„Ich weiß, was es heißt, allein zu sein"

Stefan Moster begibt sich in seinem neuen Roman auf eine einsame finnische Insel und in die Gedankenwelt eines Musikers

mare: *IHR NEUES BUCH HANDELT von einem Berufsmusiker, der plötzlich nicht mehr Geige spielen kann, weil ihm dabei die Finger der linken Hand schmerzen. Wie sind Sie darauf gekommen?*
Stefan Moster: Vor 15 Jahren hat mich eine finnische Radiojournalistin interviewt, die mir erzählte, dass sie als Berufsmusikerin im Orchester Querflöte gespielt hat. Dann hat sie eine fokale Dystonie bekommen, die Krankheit, die auch meine Hauptfigur im Buch hat.

Die Hand macht beim Musizieren Probleme, während Bewegungen ohne Instrument problemlos möglich sind.
Genau, die Ursache dieser rätselhaften Krankheit ist bis jetzt nicht ganz geklärt. Die Frau hat dann umgeschult auf Journalismus. Diese Geschichte hat mich seitdem immer beschäftigt.

Nach seinem letzten Konzert verbringt Simon, die Hauptfigur, mehrere Wochen auf einer finnischen Insel. Er beobachtet die Vögel, vergisst am Meer die Zeit.
Die Insel ist überschaubar, und sie ist Natur. Sie hat ihre eigenen Gesetze und interessiert sich nicht für die Probleme der Menschen. Das hilft ihm, von sich und dem, was ihm über den Kopf wächst, abzusehen. Auch die Vogelbeobachtung hilft Simon, er hört ihren Stimmen zu, so, wie er intensiv der Musik zuhört. Es gibt also durchaus Berührungspunkte zwischen Kultur und Natur. Das, was Kultur war, tauscht Simon teilweise gegen das, was Natur ist.

Ihr Roman ist ausgesprochen handlungsarm, das Gegenteil von einem Actionthriller. Eine bewusste Entscheidung?
Ja. Ich bin hier in der Tat kompromisslos, habe genau das Buch geschrieben, das ich schreiben wollte, jenseits des Mainstreams. Das Buch mag handlungsarm im üblichen Sinn sein, aber es ist voller Geschehnisse: in der Natur und im Innenleben des Protagonisten. Als ich es fertig aus der Druckerei bekam, habe ich etwas getan, das ich bei früheren Büchern nicht gemacht habe: Ich habe angefangen, darin zu lesen, die ersten 60 Seiten.

Und?
Ich fand, dass es ganz gut geworden ist. *(lacht)*

Simon ist ein Einzelgänger, auch Freddy in Ihrem Roman „Alleingang" ist ein Außenseiter. Wie kommt es, dass Sie ein Faible für diese Figuren haben? Haben Sie selbst vergleichbare Züge?
Bestimmt, ich weiß, was es heißt, allein zu sein, und bin auch gern allein. Aber ich würde mich nicht als den großen Außenseiter stilisieren, ich bin kein Eremit.

*Stefan Moster: **„Bin das noch ich"**, 272 Seiten, 24 Euro*

Aber Sie waren schon länger auf einer finnischen Insel, so wie Ihre Romanfigur?
Ich habe tatsächlich ein Holzhaus auf einer kleinen Insel in Finnland. Für den Roman habe ich dort vor drei Jahren einen ganzen Sommer verbracht und die Natur genau beobachtet, aufgezeichnet, was ich gesehen habe. In den letzten Jahren habe ich 80 verschiedene Vogelarten gezählt, kann ihre Laute zuordnen. Ich war damals aber nur zeitweise allein, meist waren meine Frau und die Kinder dabei.

Der Roman bewegt sich fern von unserer digitalen Welt. Eine Zeitlang muss Simon sogar auf sein Handy verzichten, weil er das Ladekabel vergessen hat. Ist diese Welt inmitten der Natur, fern von Großstadt und digitalen Reizen, so etwas wie ein idealer Raum für Sie?
Teils, teils. Ich lebe zeitweise auch in Berlin, empfinde die Stadt als lebendig und befruchtend, aber es muss in meinem Leben immer genug Raum für Kontemplation geben. Tendenziell führe ich ein eher einfaches und reduziertes Leben. Wenn ich in Finnland bin, ist das Meer immer dabei, auch in Porvoo, einer Kleinstadt 50 Kilometer von Helsinki entfernt, wo ich ebenfalls lebe.

Was bedeutet Ihnen das Meer?
Ich habe großen Respekt davor. Einerseits bietet es die Möglichkeit zu träumen, über sich hinauszuwachsen, andererseits ist es unberechenbar. Wenn ich auf der Insel bin, erlebe ich an manchen Tagen meterhohe Wellen, die über die Felsen hinweg spülen. Man kann dann nicht mehr mit dem Boot losfahren. In solchen Momenten wird mir klar: Wenn die Welle will, spielt dein Wille keine Rolle mehr. Man wird am Meer immer ein bisschen zurechtgestutzt.

Das Gespräch führte Franziska Wolffheim.

John Ironmonger:
„Der Eisbär und die Hoffnung auf morgen“,
aus dem Englischen von Tobias Schnettler, S. Fischer, Frankfurt/Main, 2023, 416 Seiten, 24 Euro

Zukunftswette

Roman über den Klimawandel – mit einer Prise Zuversicht

„DIE HERAUSFORDERUNG BEI JEDER Geschichte über den Klimawandel besteht darin, die langen Zeiträume zu berücksichtigen“, schreibt John Ironmonger auf seiner Website. „Die Klimakatastrophe ist etwas, das in geologischen Maßstäben fast augenblicklich sein mag, aber gemessen an der menschlichen Lebensspanne ist sie schwerfällig wie eine Schnecke. Und so erstreckt sich diese Geschichte also über ein ganzes Menschenleben.“

Im Pub des Fischerdorfs St. Piran in Cornwall schließen ein Student und ein Politiker eine folgenschwere Zukunftswette ab. Ruhig entfaltet Ironmonger eine Geschichte um zwei schicksalhaft miteinander verbundene Leben: Tom der Held und Monty der Antiheld. Beide sind im Küstenort verwurzelt, beide eint ein Klimaziel. Können aus Gegnern Verbündete werden? Wird das Haus des Politikers in 50 Jahren vom Meer verschlungen sein? Werden die Bewohner St. Pirans die Augen verschließen, wie der Rest der Welt?

Dieser Roman ist eine Actionstory, eine Liebesgeschichte und eine Geschichte über Umweltgefahren. Mit wuchtigen Bildern zeichnet Ironmonger die Macht des Meers. Kenntnisreich referiert der promovierte Zoologe über maritime Mikroorganismen. Und bei einer Reise in die Arktis lässt sich der Weltuntergang erahnen. Doch Liebe und Menschlichkeit geben einem den Glauben an die Menschheit zurück. Gegen eine Prise Zuversicht in Krisenzeiten ist nichts einzuwenden. Der neue Roman von Ironmonger verdient ähnlich viele Leser wie sein Bestseller „Der Wal und das Ende der Welt“.

Josef Scheppach

Per J. Andersson:
„Vom Schweden, der ein Schiff bestieg und auf den Inseln sein Glück fand“,
aus dem Schwedischen von Angela Beuerle, C. H. Beck, München, 2023, 299 Seiten, 18 Euro

Inselhopping leicht gemacht

Der Schwede Per J. Andersson erkundet im Plauderton die Sehnsucht der Menschen nach einem Leben fern vom Festland

PER J. ANDERSSON IST REISESCHRIFTsteller und stammt aus dem schwedischen Hallstahammar. Für sein letztes Buch fuhr er mit dem Zug und sah danach die Welt mit anderen Augen. Nun war er auf dem Wasser unterwegs. Zum Schreiben musste er dafür nicht weit reisen: Sein Buch entstand im größten zusammenhängenden Inselreich der Welt – dem Schärengarten zwischen Stockholm und Åbo. Aber vorher war er noch etwas weiter weg – unter anderem auf Amorgos, Bali, Usedom oder Muravandhoo. Ein stürmisches Meer ist ihm dabei kein Hindernis, er mag es „salzbesprengt“, aber landen möchte er dann doch an „einem Ort, an dem das Leben leicht, langsam und weniger komplex als auf dem Festland“ ist.

Sehnsuchtsort Insel. Ein Traum, den der Autor wohl mit vielen Lesern teilt: Man könnte ihn „banal nennen“, wie Andersson selbst einräumt, um dann doch wieder ins Schwärmen zu geraten. Und die Geschichte gibt ihm recht: Atlantis war Sinnbild der vollkommenen Insel, schon die Römer urlaubten auf Capri, Ende des 19. Jahrhunderts begann dann der moderne Inseltourismus. „Außer Sonne und Wasser“, so Andersson, „suchte man dort Ursprung, Übersichtlichkeit und Gemeinschaft, all das, was in dem industrialisierten, urbanen Leben auf dem Festland verloren gegangen war.“

Wie eingesessene Insulaner zu diesem Phänomen stehen, blendet Andersson zwar nicht aus, aber sein eigentliches Thema sind die Glückssucher und Neuinsulaner. „Nur wenn ich auf einer Insel bin, fühle ich mich frei“, berichtet ihm eine französisch-englische Pärchenhälfte auf El Hierro. Dabei lebe man am liebsten „mit dem Rücken zum Meer“. Es sind, so Andersson, „nicht die Möglichkeiten, die das Meer bietet, sondern der durch das Meer entstehende leere Raum, wodurch die Inselbewohner ihre innere Ruhe bekommen“.

Sein Buch kommt nicht ganz ohne Allgemeinplätze aus. Auf den Inseln im Mittelmeer würden „lebensfrohe Bonvivants und Genießer“ wohnen, auf den kargeren Inseln im Atlantik „bleibt man mehr bei sich zu Hause“ oder hat gar „eine eher melancholische Veranlagung“. Anderssons Stil kommt über weite Strecken fast plaudernd daher, um andernorts in die Tiefe zu gehen: Neben recherchierter Inselgeschichte finden sich Anekdoten, schöne Beobachtungen, private Launen, Bezüge zu Film und Literatur. Die Auswahl der Schauplätze folgt keiner inhaltlichen Logik, sondern den vergangenen Reiserouten des Schriftstellers. Dies zu monieren hieße indes, den Charakter des Genres zu verkennen: Auch wenn es keine fiktiven Geschichten sind, geht es doch darum, dem Autor zu folgen – also einem Schweden und wie dieser die Welt entdeckt.

Das ist offensichtlich ein Erfolgsrezept. Per J. Anderssons Titel sind regelmäßig Bestseller. Wer mit dem Schweden bereits im Zug unterwegs war oder „die Welt einfing und in seinem Rucksack nach Hause brachte“ will auch die Inselwelten durch die Augen Anderssons erleben. Wer sich hingegen für eine kritische Auseinandersetzung mit solch eurozentristischen Perspektiven interessiert, dem sei „Pazifische Passagen. Ein Insularium des Großen Ozeans“ empfohlen.

Roland Brockmann

Roland Borgards, Lena Kugler, Mira Shah:
„Pazifische Passagen. Ein Insularium des Großen Ozeans“,
Wallstein, Göttingen, 2023, 656 Seiten, 49 Euro

Reise in die Tiefe des Archivs

Ein eigenwilliges, nicht ganz wissenschaftliches Kompendium über die unüberschaubare Inselwelt des Pazifiks

BÜCHER ÜBER INSELN SIND EN Vogue. Dienten diese einst vor allem als imaginative Orte der Isolation à la „Robinson Crusoe“, so bilden sie heute eher eine Bühne kultureller oder gesellschaftlicher Besonderheiten – egal ob belletristisch oder als Sachbuch. Wissenschaftler sprechen gar von Insularität. Folgt man dem Geografen Alastair Bonnett, leben wir in einem „Zeitalter der Inseln“.

„Pazifische Passagen“, das „Insularium des Großen Ozeans“, ist wuchtiges Werk, geschrieben von einem Trio, das aus dem Wissenschaftsbetrieb kommt. Auf den 656 Seiten (rund 180 davon als Anhang) finden sich denn auch keine szenischen Beobachtungen. Die Autoren waren nicht wirklich auf einer der 25 000 Inseln des Pazifiks unterwegs, sondern quasi auf Tauchgang in den Archiven und fokussieren am Ende auf nur 18 Inselorte, deren Auswahl sich „zufällig bei der systematischen Suche“ ergab. Eine Anspielung auf den Wissensarchäologen Michel Foucault, womit denn auch klar wird, dass sich das Buch an vorgebildete Leser richtet; englische Zitate meinte man zum Teil gar nicht übersetzen zu müssen.

Wer Inselschnurren nach Art von Jack London oder Joseph Conrad erwartet, wird notwendigerweise enttäuscht. Auch wenn sich das Buch durchaus mit Fiktionen beschäftigt und das Thema auf den ersten Seiten mit Jules Verne anhebt.

Wohl um selbst auch eine etwas literarische Form zu gewinnen, schlagen die Autoren eine gedachte Reiseroute vor mit 18 exemplarischen Inselerkundungen: beginnend im Südosten des Pazifiks, bei den Islas Juan Fernández, zunächst Richtung Norden, vorbei an den Chincha-Inseln, der Isla Nublar, Isla Sorna und Galapagos bis zu dem vor der Küste Alaskas liegenden Sitka. Dann südwestwärts bis Taiwan und ostwärts hinaus auf die offene See: nach Guam (nördliche Marianen) und endlich weiter südwärts, durch Polynesien (Pitcairn und Tahiti) nach Neuseeland und schließlich wieder nordwärts nach Ambrym und Nauru und durch den Malaiischen Archipel, vorbei an Neuguinea, Bali, Krakatau und Borneo …

Das ist dann doch ein mächtiges Reiseprogramm. Unterwegs geht es auch um illustre Themen wie Vogelmist, eingeführte Schweine, pazifische Parasiten oder schlicht Chaos. Ganz nebenbei entsteht ein kleines Bestiarium, in das neben kämpfenden Hähnen auch fossile Dingos Aufnahme finden, woran wohl auch Foucault Gefallen gefunden hätte. Und glücklicherweise kann man das Buch auch wie ein Inselhopper lesen, auf der Reiseroute frei flottierend. Die große Qualität dabei: Selbst Kenner des Pazifischen Ozeans werden dabei immer wieder auf Neuland treffen. Da zahlt sich die Tauchtiefe im Archiv aus.

Zum Beispiel beim Thema Datumsgrenze, die europäische Entdecker damals einfach im fernen Pazifik angesetzt haben. Klar, irgendwo muss sie liegen, die Linie, an der sich nicht mehr nur die Uhrzeit mit der Sonne bewegt, sondern sich plötzlich ein ganzer Tag verschiebt. Ein Problem nicht zuletzt für die Logbücher weit reisender Schiffe. Aber war die Entscheidung, diese Grenze in der Nähe des 180. Längengrads anzusiedeln, nicht auch ein kolonialer Akt?

Roland Brockmann

Im Netz

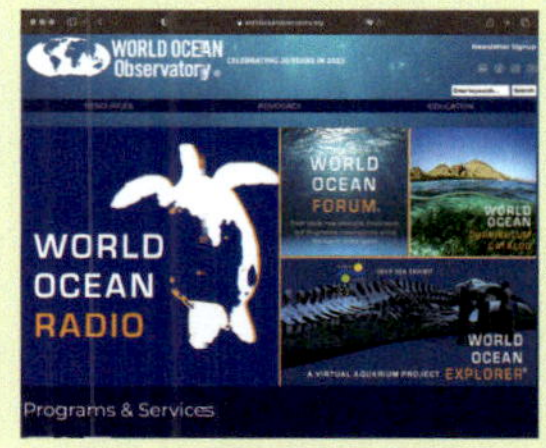

www.worldoceanobservatory.org

Vom Meer lernen

Das World Ocean Observatorium ist eine weltweit führende Organisation, die sich für die nachhaltige Gesundheit der Meere einsetzt. International engagieren sich die Mitarbeiter*innen für ein global zugängliches Kommunikationsnetz. Durch Bildungsinitiativen, Partnerschaften, Informationsaustausch und unermüdliches Networking wurde seit der Gründung vor 20 Jahren eine große, den Globus umspannende Gemeinschaft aufgebaut, die den umfassenden Schutz der Weltmeere vorantreibt. Auf der zugehörigen Website finden sich jede Menge Lehrmaterialen, Audiobeiträge und Videoclips zum Thema.

Wiebke Böse

Im Deckchair

Ein persönlicher Tipp von Stephanie Daut, Vertrieb und Marketing im mareverlag

David Jenkins:
„Our Flag Means Death“,
HBO, 2022

Ich will Flagge bekennen: Diese TV-Serie wurde im Studio produziert und verschafft wenig Illusion, auf hoher See zu sein. Viel wichtiger ist ohnehin das Hobby, das hier ein englischer Adelsmann versucht auszuüben. Gentleman-Pirat Stede Bonnet scheut keine Kosten und Mühen, um die Träume seiner Kindheit umzusetzen. Mit einem perfekt ausgestatteten Dreimaster sollen die Weltmeere unsicher gemacht werden. Nur kann die rekrutierte Crew aus waschechten Piraten wenig Respekt für ihren sensiblen Kapitän mitbringen und wetzt ihre Messer zur Meuterei. Eine Verkettung von wahnsinnig komischen Ereignissen verschafft Bonnet dann doch schauriges Ansehen, und das Abenteuer nimmt seinen Lauf.

Die Vermessung der MEERE

Vor 120 Jahren erschien die erste Karte des Meeresbodens, die General Bathymetric Chart of the Oceans, kurz Gebco. Nun arbeiten Forscher an ihrer hypermodernen digitalen Neuauflage. Ihr Name: „Seabed 2030". Das Ziel: die Abbildung des gesamten irdischen Meeresbodens

Von Tim Schröder

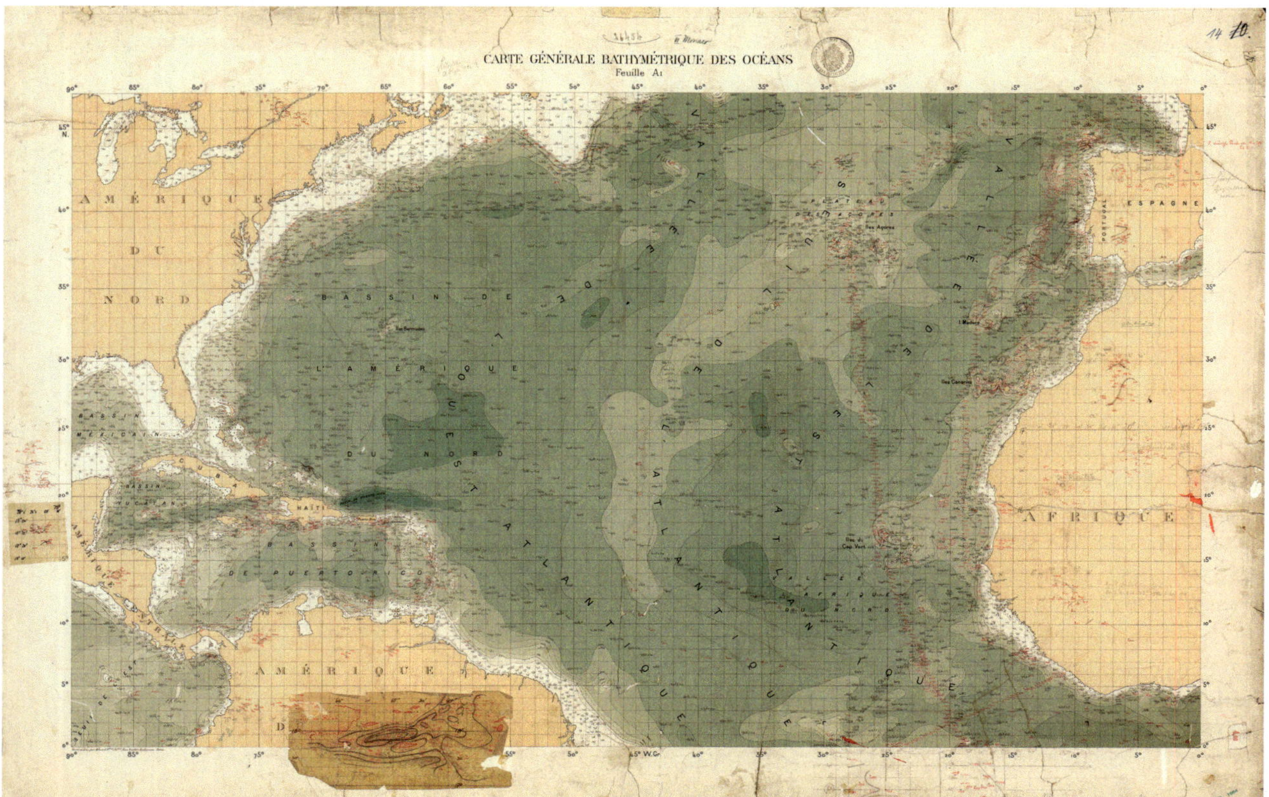

Oben **Die Urausgabe der Gebco-Meeresbodenkarte, erschienen 1903.**
Rechte Seite **Das allererste Seekabel wurde 1850 vom Schaufelraddampfer „Goliath" aus durch den Ärmelkanal gelegt**

HOORAY“ und „HOURRA“ HALLte es, als die „Goliath“ am Abend des 28. August 1850 das Cap Gris-Nez bei Calais erreichte. Die Seeleute an Bord der „Goliath“ jubelten, und die Menschen am Ufer winkten ihnen zu. Am Morgen hatte der Schaufelraddampfer auf der anderen Seite des Ärmelkanals in Dover abgelegt; auf seinem Deck eine mannshohe Kabeltrommel, von der die Arbeiter während der gut 30 Kilometer langen Überfahrt langsam ein fingerdickes Kabel abrollten – das erste Seekabel der Welt. Schon am nächsten Tag sollten zum allerersten Mal Funksprüche zwischen London und Paris hin und her tickern.

Doch nachdem die Techniker das Kabel an die Funkstation angeschlossen hatten, blieb die Leitung tot. Schnell machten Gerüchte die Runde, ein Fischer habe sie versehentlich durchtrennt. Tatsächlich aber war es nur einige hundert Meter vom Ufer entfernt gerissen. Ein Jahr später klappte es. Nachdem die britische Submarine Telegraph Company ein zweites, verstärktes Kabel verlegt hatte, konnte der Funkverkehr zwischen London und Paris endlich beginnen.

Das erste Seekabel der Welt war eine Sensation und weckte den Wunsch nach mehr. Für die Meeresforschung war dieser plötzliche Boom ein Glück, denn auf einmal interessierten sich Industrie und Regierungen für etwas, das für die meisten Menschen jahrtausendelang unheimlich oder einfach irrelevant gewesen war: die Gestalt des Meeresbodens. Plötzlich war Geld da, um teure Expeditionen für die Vermessung der Tiefe zu finanzieren.

Der erste Versuch, mit der „Goliath“ ein Kabel durch den Ärmelkanal zu ziehen, wurde zum Lehrstück. Die Ingenieure erkannten, dass sie felsiges Gelände meiden mussten. So machten sie sich zusammen mit Meeresforschern daran, die flachsten Stellen für die transkontinentalen Kabeltrassen zu suchen. Damals begann die Ära der ozeanischen Tiefenmessung, der Bathymetrie. Sie gipfelte im Jahr 1903 in der ersten Weltkarte des Meeresbodens – der General Bathymetric Chart of the Oceans (Gebco). Vier Jahre lang trugen damals Forscher aus Frankreich, Großbritannien, den USA und aus Deutschland Daten von Tausenden Tiefenmessungen zusammen. Am Ende legten sie mit der Gebco eine Karte vor, die Meeresbecken, Tiefseegräben, mittelozeanische Rücken und die Tiefenlinien der Küsten in bis dato unerreichter Genauigkeit zeigten.

Die Gebco gibt es heute noch. Seit 1903 ist die Karte in mehreren Auflagen erschienen. Mit jeder Ausgabe kamen neue Tiefenmessungen hinzu. Von Mal zu Mal wurde die Karte genauer, realis-

tischer. Derzeit arbeitet ein internationales Forscherteam im Gebco-Projekt „Seabed 2030“ daran, bis zum Ende dieses Jahrzehnts eine neue, digitale Karte zu erschaffen, die besser als alle bisherigen sein soll. Sie wird die Strukturen am Meeresboden erstmals mit einer Auflösung von 500 mal 500 Metern zeigen. Ziel ist die Abbildung des gesamten irdischen Meeresbodens. Ein gigantisches Projekt, unterstützt von der gemeinnützigen japanischen Nippon Foundation.

Zum Team gehört auch Boris Dorschel-Herr, der am Alfred-Wegener-Institut für Polar- und Meeresforschung in Bremerhaven die Bathymetrieabteilung leitet. Im Projekt „Seabed 2030“ ist er für den südlichen Teil des Globus zuständig – alles jenseits 50 Grad südlicher Breite bis hinab zur Antarktis. Bereits im vergangenen Jahr veröffentlichte sein Team eine erste bathymetrische Karte dieser Region, die man sich im Internet kostenlos anschauen kann. Bis 2030 wird sie permanent um neue Daten ergänzt.

„Wie in der Anfangszeit der Gebco besteht unsere Aufgabe vor allem darin, Daten aus aller Welt zusammenzutragen“, sagt Dorschel-Herr, „mitzubekommen, wo neue bathymetrische Daten erhoben werden, und nachzufragen, ob wir diese nutzen dürfen.“ Heutzutage sind das vor allem Tiefenmessungen, die vom Schiff aus mit Echolot gemacht werden – etwa von Fischereischiffen oder von Forscherkollegen, die während ihrer Expeditionen den Meeresboden abscannen.

Über besonders viele und genaue Daten verfügen Ölfirmen. Häufig stellen sie die Informationen zur Verfügung, wenn Projekte abgeschlossen sind. Manchmal gibt auch die Marine Daten frei. Darüber hinaus blättert Dorschel-Herr regelmäßig Fachartikel durch, um neue Tiefendaten zu finden. Die Datensammelei ist mühsam. Auf die Frage, wozu sich das Gebco-Team die Arbeit macht, sagt er: „Wir sehen es als eine Menschheitsaufgabe an, den Meeresboden zu erforschen. Bis heute sind nur etwa 25 Prozent kartiert. Die Tiefen und das Relief des Meeresbodens zu erkunden, das hat für mich auch heute noch viel mit Entdeckertum zu tun.“

Die typischen Handelsrouten und Fischereigebiete sind heute bestens vermessen. Doch gibt es noch große Gebiete, von denen niemand weiß, wie es dort genau aussieht, ob es dort untermeerische Berge oder schroffe Canyons gibt – etwa in den sturmumtosten „Roaring Forties“ zwischen Kap Hoorn, Südafrika und Neuseeland. Wenn überhaupt, gibt es nur vereinzelte Punktmessungen, die hin und wieder von Schiffen vorgenommen wurden. Für solche Regionen muss das Gebco-Team den Tiefenverlauf auch heute noch mitteln, interpolieren.

Dass dies sehr gut funktioniert, zeigte sich schon Anfang der 1950er-Jahre, als Geografen anfingen, sich für die Mitte des Atlantiks zu interessieren. Damals rissen in dem Seegebiet mehrere Tiefseekabel – aufgrund von Erdbeben, vermuteten Experten. Eilends beauftragte der Telefonkonzern Bell Telegraph die Geografin Marie Tharp (mare No. 47) vom Lamont-Doherty Geological Observatory in New York damit, die Echolotdaten von Forschungsschiffen genauer auszuwerten. Sie sollte die Struktur des Meeresbodens genauer nachzeichnen und damit die Ursache für die Kabelrisse finden. Damals war die Mitte des Atlantiks in der Gebco-Karte nur grob mit Farbschattierungen für die Tiefe eingefärbt. Eine klare Vorstellung von der Form des Meeresbodens hatte man nicht.

Alles, was Marie Tharp zur Verfügung stand, waren zehn Meter lange Ausdrucke von Echolottiefenprofilen, die Forscher in den Jahren zuvor während ihrer Atlantikquerungen aufgenommen hatten. Ein einzelnes Profil, ein einzelner Querschnitt durch den Atlantik sagt allerdings wenig über die tatsächliche Gestalt des Meeresbodens. Marie Tharp kam auf die entscheidende Idee: Sie legte mehrere Profile nebeneinander – so, dass sie den Verlauf des Atlantiks von Nord nach Süd rekonstruieren konnte. Detail für Detail übertrug sie die Tiefendaten aus den Echolotprofilen in eine Seekarte. Sie zeichnete die Höhen und Tiefen übertrieben ein und – das war eine Sensation – realisierte schließlich, dass sich in der Mitte des Ozeans ein riesiger zerklüfteter Gebirgszug von Nord nach Süd erstreckt – der Mittelatlantische Rücken.

Marie Tharp ahnte damals noch nicht, dass ihre Arbeit ein großer Schritt für die Gebco war. Denn bis dato war die Gebco größtenteils auf alte, unpräzise Daten angewiesen. Noch um 1850 maßen Seeleute die Tiefe wie seit Jahrhunderten mit Leine und Gewicht, ein zeitraubender Prozess: Das Schiff musste stoppen. Dann dauerte es über eine Stunde, bis das Gewicht nach mehreren tausend Metern auf dem Boden aufschlug. In wissenschaftlicher Hinsicht waren diese Messungen ungenau, weil sich das Seil unter seinem eigenen Gewicht dehnte und Meeresströmungen es aus der Senkrechten verdrifteten.

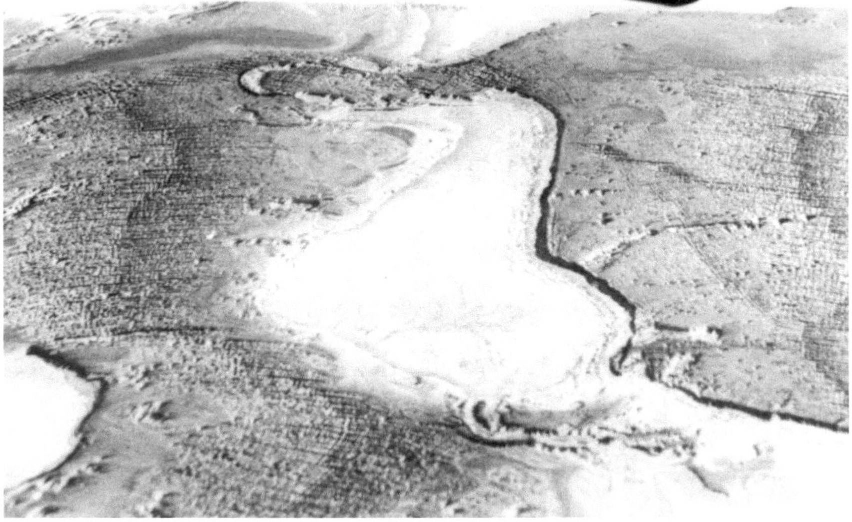

Oben **Die amerikanische Geografin Marie Tharp schuf in den 1950er-Jahren die erste Karte des Atlantikbodens.**
Linke Seite **Internationale Meridian-Konferenz, Washington, Oktober 1884**

Für Tiefseekabel aber reichte das. Einen Coup landete im Jahr 1874 Francis Lucas, der Chefingenieur der britischen Telegraph Construction and Maintenance Company. Er entwickelte eine Maschine, die das Seil mit einer beachtlichen Geschwindigkeit von etwa zwei Metern pro Sekunde automatisch abfierte. Erreichte das Gewicht den Meeresboden, rastete – pling – ein Hebel ein. Die Tiefe ließ sich an einer Skala ablesen. Lucas verwendete statt eines Seils Klavierdraht, der sich kaum dehnte und der weniger verdriftete. In den folgenden Jahren stattete man Dutzende staatlicher und privater Vermessungsschiffe mit der „Lucas Sounding Machine“ aus. Die Tiefenmessung wurde deutlich schneller.

Allerdings herrschte damals in der Bathymetrie noch ein ziemliches Durcheinander, weil Standards fehlten. Zudem orientierten Seefahrer sich an verschiedenen Meridianen, was zu Chaos bei den Daten führte. 1884 einigten sich die Gelehrten schließlich auf den Nullmeridian von Greenwich als Standard. Zu dieser Zeit reifte bei den Meeresforschern der Wunsch, eine einheitliche Weltkarte des Meeresbodens zu erschaffen, ein Gesamtwerk auf Grundlage der besten international verfügbaren Messwerte.

Und tatsächlich: 1899 kamen die führenden Wissenschaftler der Welt auf dem „7. Internationalen Geographen-Kongress“ in Berlin zusammen, um die Gebco auf den Weg zu bringen. Die Herausforde-

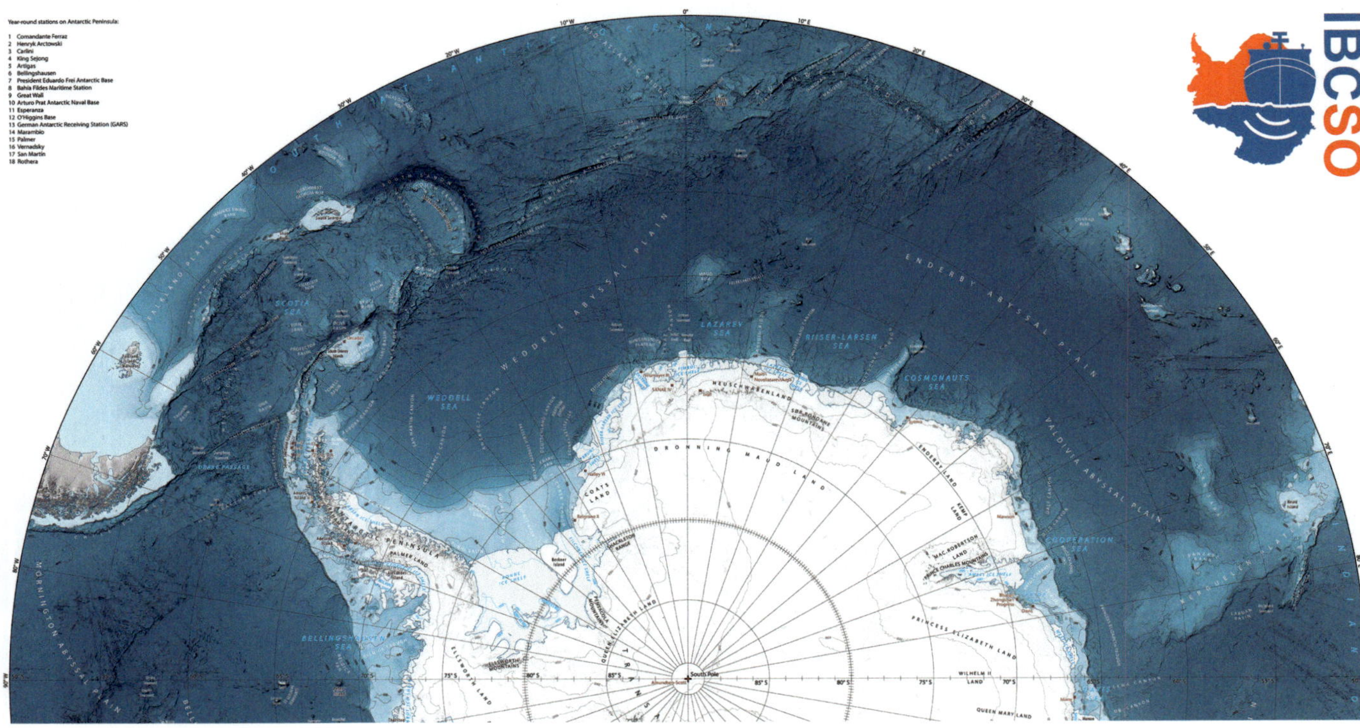

Diese vom AWI veröffentlichte Karte – ein Teil der Gebco-Karte – zeigt den Meeresboden ab 50 Grad Süd bis zur Antarktis

rung bestand darin, ganz neue Standards zu setzen, die für Meeresforscher heute selbstverständlich sind: Wie färbt man eine Karte ein? Werden die Farben mit zunehmender Tiefe dunkler oder heller? Wer gibt den Tiefen und Höhen am Meeresboden ihre Namen? Und wie will man die Strukturen am Meeresboden überhaupt bezeichnen? Sollte man einen Tiefseegraben nach dem deutschen „Thal" oder dem englischen „valley" benennen? Viele solcher Fragen waren ungeklärt.

Kurz vor der Konferenz schrieb der britische Geograf Hugh Robert Mill an seine Kollegen weltweit: „Die Tatsache, dass man die Formen am Meeresboden nicht sehen, sondern nur durch Tiefenmessungen erfühlen kann, macht deren Erforschung zu einer ausgesprochen schwierigen Angelegenheit. Einige herausragende Persönlichkeiten glauben sogar, dass unser gegenwärtiges Wissen für eine Nomenklatur nicht ausreicht."

Seine Zeilen scheint die Fachwelt beherzigt zu haben. Auf der Berliner Konferenz einigte man sich darauf, eine Kommission für die Namensgebung und Gestaltung der Karte zu gründen. Die Kommission sollte die neuen Regeln bis zum Druck der Karte festlegen. Als die Karte dann 1903 erschien, trug sie bereits viele Merkmale moderner Karten: Die Farben werden mit der Tiefe dunkler; Punkte derselben Tiefe werden mit Linien verbunden; und Strukturen am Meeresboden werden einheitlich mit „basin", „trough", „trench", „embayment", „rise", „ridge" und „plateau" bezeichnet. Die Kosten des Gebco-Projekts und der ersten Auflage übernahm der Meeresforscher Prinz Albert I. von Monaco.

Schaut man sich die erste Ausgabe der Gebco an, fällt auf, dass sehr große Meeresgebiete noch weiß sind; Tiefenangaben fehlen dort. Das ist heute anders. Auf dem Computerbildschirm von Dorschel-Herr sieht man ein Gewirr aus grünen Linien, die sich durch alle Ozeane ziehen – die Routen von Messfahrten, auf denen der Meeresboden gescannt wurde.

„Die Genauigkeit der Karten hing immer unmittelbar mit der technischen Entwicklung zusammen", sagt Dorschel-Herr. „Ein Sprung war die Entwicklung des Echolots zwischen den Weltkriegen. Das Ping eines Echolots wandert im Wasser 1500 Meter pro Sekunde. Das hat die Vermessung des Meeresbodens ungeheuer schnell gemacht." Anfangs gaben die Geräte nur einzelne Pings ab. Heute benutzt man Fächerecholote, die gleichzeitig mehrere hundert Pings in verschiedenen Winkeln zum Meeresboden schicken. Während das Schiff fährt, scannen die Geräte damit mehrere hundert Meter breite Streifen ab. „Painting the seafloor" sagen Experten dazu.

Ein wichtiges bathymetrisches Werkzeug sind heute auch die Messgeräte auf Satelliten, die die Gravitation an verschiedenen Stellen der Erde sehr genau messen. Die Gravitation verändert sich mit der Masse, die auf der Erdkruste lastet. Untermeerische Seeberge verraten sich dadurch, dass sie eine größere Gravitation als der Tiefseeboden in ihrer Umgebung haben. „Mich faszinieren alle diese bathymetrischen Daten, weil wir darin immer wieder neue Dinge entdecken können", sagt Dorschel-Herr, „sogar Seeberge von fünf Kilometer Breite, die noch niemand zuvor gesehen hat. In der Tiefsee sind solche Entdeckungen noch möglich."

Heute ist die Gebco eine riesige Datenmaschine. Manche Bilder sind atemberaubend. An vielen Stellen kann man sich in der Karte an Unterwasserberge heranzoomen wie mit einer Drohne an einen Gebirgskamm in den Alpen. Nach 120 Jahren ist die Gebco Hightech. „Obwohl, nicht ganz", sagt Dorschel-Herr. „Tatsächlich stecken in unseren Karten an vielen Stellen noch – und das ist besser als nichts – die Daten von den alten Messungen mit Leine und Blei", Daten aus fernen Meeresregionen, durch die zuletzt vor mehr als 100 Jahren ein Forschungsschiff gefahren ist.

Im Büro von Tim Schröder, Jahrgang 1970, freier Wissenschaftsjournalist in Oldenburg, hängt eine Seekarte der Weser- und Jademündung. Für ihn hat es etwas Meditatives, den Tiefenlinien der Flüsse und Priele zu folgen.

INSPIRIERT VOM MEER
Wie duftet die charaktervolle mediterrane Levante? Und was liegt in der Luft, wenn in der Normandie Atlantikwellen auf sandige Steilküsten stoßen? Der Duft der Meere ist für uns mehr als nur ein Geruch. Er ist eine Stimmung, ein Gefühl, ein Versprechen.
Beide Düfte kreierte Geza Schön, einer der herausragenden Parfumeure der Welt, gemeinsam mit mare – ausschließlich unter Verwendung hochwertiger Naturessenzen.
eau du levant
créateur mare
la plage de paris
créateur mare
Kaufen Sie jetzt beide Düfte zusammen zum Preis von 200 Euro (Einzelpreis 125 Euro).
Das Angebot gilt nur beim Kauf im mare-Webshop, den Sie unter www.mare.de/duefte erreichen.
créateur mare

Ich packe meinen Koffer ...

... und nehme mit: Pumpen, Schläuche, Drähte. Was aussieht wie ein Reisekoffer, ist in Wahrheit eine tragbare Entsalzungsmaschine für Meerwasser. Ist das Trinkwasserproblem nun gelöst?

Von Ute Eberle

IM APRIL 2021 PACKTEN FORSCHER DES MASSACHUsetts Institute of Technology (MIT) nahe Boston einen Koffer und fuhren an den Strand. Aber der Koffer enthielt kein Badezeug. Stattdessen war er voller Pumpen, Schläuche und Drähte. Die Forscher hängten einen Schlauch ins Meer. Der Koffer saugte darüber Salzwasser an. Kurz darauf füllte sich eine Flasche am Ende eines zweiten Schlauchs mit Trinkwasser.

Der Koffer benötigt eine Stunde und 40 Liter Salzwasser, um einen Liter Trinkwasser zu gewinnen

Eine solch magische Verwandlung wird vielerorts ersehnt. Rund zwei Milliarden Menschen mangelt es an verlässlich sauberem Trinkwasser. Und je mehr die Weltbevölkerung wächst, die Wirtschaft Wasser nachfragt und der Klimawandel Dürren auslöst, desto mehr werden es. Manche Länder entsalzen deshalb schon seit Jahrzehnten Meerwasser, vor allem die ölreichen und wasserarmen Staaten des Mittleren Ostens. Doch gerade in abgelegenen Gegenden sind die mehrere hundert Millionen Euro teuren Entsalzungsanlagen oft nicht praktikabel.

Tragbare Wasserentsalzungsgeräte wären dann sinnvoll. Doch deren Entwicklung habe sich bisher als schwierig erwiesen, schreibt Junghyo Yoon, einer der MIT-Forscher, in einem Fachbeitrag. Bei der Standardmethode zur Entsalzung wird Meerwasser durch superfeine Membranen gedrückt, die die Salzkristalle quasi herausfiltern. Aber das ist energieintensiv und zudem technisch aufwendig, da die Filter schnell verstopfen.

Yoon hat nun mit Kollegen eine komplett filterfreie Methode entwickelt, die selbst Laien über einen simplen Knopfdruck bedienen können. Das Gerät arbeitet nach dem Prinzip der Elektrodialyse und leitet das Wasser durch ein System von Membranen und elektrischen Feldern mit negativen und positiven Polen. Weil die Salzmoleküle selbst leicht elektrisch geladen sind, werden sie auf diese Weise „weggeschubst". Am Ende komme „glasklares" Wasser heraus, so die Forscher. Um das Gerät zu reinigen, muss man lediglich kurz die Ladung der Pole wechseln.

Der Koffer benötigt eine Stunde und 40 Liter Salzwasser, um einen Liter Trinkwasser zu gewinnen. Dabei verbraucht er nur ein Sechstel so viel Strom wie ein Laptop; betrieben wird er über eine kleine Solarzelle. Mit nur 9,4 Kilogramm Gewicht könnte er im Flugzeug theoretisch als Handgepäck durchgehen.

Yoon stellt sich vor, dass der Koffer vor allem in entlegenen Regionen eingesetzt wird oder auch von Soldaten auf Militäreinsätzen (die US-Armee beteiligte sich an der Entwicklung). Der Ansatz sei „attraktiv", sagt Manzoor Qadir, Vizedirektor des Instituts für Wasser, Umwelt und Gesundheit an der Universität der Vereinten Nationen. Er befürchtet allerdings, dass selbst solche Minientsalzungsanlagen noch zu teuer für wirtschaftsschwache Kommunen sind.

Umgerechnet wird der tragbare Meerwasserentsalzer wohl knapp 1500 Euro kosten, wenn er – falls alles nach Plan läuft – in ein paar Jahren auf den Markt kommt. Die Reise ans Meer nicht inbegriffen.

Ute Eberle, Jahrgang 1971, freie Journalistin in Baltimore, USA, lernte bei dieser Recherche, dass gut 97 Prozent des Wassers auf der Erde Salzwasser ist.

Oben **MIT-Forscher Jongyoon Han (r.) und Junghyo Yoon.**
Rechts **Der Minientsalzer wiegt weniger als zehn Kilogramm**

SCHOTTISCHE INSELN ENTDECKEN IM FRÜHJAHR 2024
mit der MS „Cape Race“
Mildes Klima, spektakuläre Felsen, unberührte Landschaften und eine reichhaltige Geschichte. Erleben Sie die Inseln der Inneren und Äußeren Hebriden im Nordwesten Schottlands! Sie beobachten von Bord aus Schweinswale, Basstölpel, Seeotter, Delfine oder Papageitaucher, Sie besuchen die berühmte Iona Abbey und das Dunvegan Castle, Sie befahren die Höhle von Staffa, wandern über endlose Moore, Heide und saftige Wiesen zu einsamen Leuchttürmen, ankern vor weißen Sandstränden und in geschützten Buchten oder genießen legendäre Fish & Chips im malerischen Portree. Jeder Tag auf dieser Fahrt ist gefüllt mit kulturellen Erlebnissen oder seltenen Tierbeobachtungen an einer der beeindruckendsten Küsten Europas. Und jeder Tagesablauf wird von Wind und Wellen bestimmt, denn die Crew kennt für jedes Wetter eine entsprechende Attraktion.
Reisemonate: April bis Mai 2024
Aufenthaltsdauer an Bord: 8 Tage / 7 Nächte
Maximale Teilnehmerzahl: 12 Passagiere
MEHR INFORMATIONEN UNTER
WWW.MSCAPERACE.COM
mareexpeditionen
CAPE RACE

Jahresabo

Das Jahresabo kostet im Jahr 67,50 € und ist nach einem Jahr jederzeit kündbar. Sie dürfen sich aus allen bereits erschienenen Heften 3 gratis aussuchen, die Ihnen gleich zugeschickt werden. Die Übersicht finden Sie auf Seite 122/123. Den Bildband und/oder den Kalender können Sie einfach zum Sonderpreis mitabonnieren.

Der **mare**-Kalender

Die ganze vielfältige Schönheit des Meeres – in 12 magischen Bildern gebannt. Format: 82 mal 58 Zentimeter. Im Abonnement zahlen Sie für den Kalender nur 40 € statt 49 €. Alle Monatsmotive finden Sie online unter www.mare.de/mare-shop/kalender.

Geschenkabo

Das Geschenkabo kostet 67,50 € im Jahr. Mit der in diesem Heft beiliegenden Geschenkabo-Karte können Sie mare-Hefte und den Bildband und/oder Kalender auch praktisch verschenken. Ein Dankeschön in Form eines mare-Handtuchs wählen Sie auch gleich auf der Karte.

Der **mare**-Bildband „Lofoten“

von Andrea Gjestvang. Mit einem Text von Dimitri Ladischensky. Format: 30 mal 26 Zentimeter, 132 Seiten. Im Abonnement zahlen Sie für den Bildband nur 49 € statt 58 €.

mareRadio

Jeden ersten Sonntag im Monat auf Bremen Zwei

AUSTRALIEN

5. November, 12.05 Uhr, Bremen Zwei

Während sich bei uns der Winter ankündigt, tritt **mareRadio** eine Reise auf die Südhalbkugel an. Dort erwacht im Great Barrier Reef das Leben – auch wenn eine der schwersten Korallenbleichen ihre Spuren hinterlässt. An Land treffen wir auf die Kreolsprache „Unserdeutsch", die einst von Missionaren nach Down Under getragen wurde, und fragen nach, welche Spuren der deutschen Kolonialzeit heute noch in Ozeanien zu finden sind. Redaktion: Eva Garthe, Nikolas Golsch; Moderation: Nikolas Golsch.

GENERATIONEN

3. Dezember, 12.05 Uhr, Bremen Zwei

Am 21. Dezember 1952 gegen 23 Uhr meldet sich der Funker des Motorschiffs „Melanie Schulte" bei Norddeich Radio ab und beendet seine Wache. Seitdem rätselt die Schifffahrtswelt über das Schicksal des Frachters und seiner 35-köpfigen Besatzung. Das Besondere an dieser Katastrophe: Die Geschichte der „Melanie Schulte" bleibt über Generationen hinweg tief im kollektiven Gedächtnis der ostfriesischen Küstenregion verankert. **mareRadio** erforscht, was Generationen verbindet – oder auch trennt: Seit mittlerweile neun Generationen betreibt Familie Kovanen den Leuchtturm auf der winzigen finnischen Insel Utö. Und auch viele Werften sind seit Generationen in Familienhand. Redaktion: Eva Garthe, Nikolas Golsch; Moderation: Nikolas Golsch.

Termine

AHRENSHOOP

Halle am Meer. Strandzone und Naturidyll Ahrenshoop 1945–2023

Ahrenshoop war und ist für Künstler aus Halle (Saale) seit 100 Jahren Ort der Erholung wie der Inspiration. Ihre Werke zeigen die Auseinandersetzung mit Ahrenshoop, der Ostsee und dem Maritimen bis in die Gegenwart. Dabei wird deutlich, wie sehr das Strandmotiv auch mit politischen Implikationen verbunden war. 22.10.2023–7.4.2024, Di–So 11–18 Uhr, Kunstmuseum. www.kunstmuseum-ahrenshoop.de

ALKERSUM/FÖHR

Schippermütz und feiner Zwirn. Fide Strucks Arbeitswelten an der Waterkant 1930–1933

Anfang der 1930er fotografierte Fide Struck Arbeit und Handel in Altona, Hamburg und an der Westküste. Seine Aufnahmen bewegen sich zwischen privatem Erleben, sozialer Reportage und politischem Kontext. 1941 verstaute er 3000 Glas- und Filmnegative in einem Koffer. Erst 2015 wurde dieser wieder geöffnet – von Fides Sohn, Filmemacher Thomas Struck. Die Ausstellung zeigt rund 60 der eindrucksvollen Schwarz-Weiß-Fotografien. Bis 8.9.2024, Di–So 10–17 Uhr, Museum Kunst der Westküste. www.mkdw.de

BANSIN

Drachenfest am Meer

Der Herbst lockt bei Wind, Sonne und Ostseerauschen Drachenfreunde an den Strand. Großdrachen steigen am Himmel, Aeroskulpturen sind am Strand zu bestaunen. Und am Konzertpavillon wartet ein abwechslungsreiches Programm auf die Gäste. 27.–29.10., Bansin, Strand und Promenade. www.kaiserbaeder-auf-usedom.de

Wir freuen uns über Ihre Veranstaltungshinweise:
mare-Termine
Wiebke Böse
Pickhuben 2
20457 Hamburg
E-Mail: termine@mare.de
Redaktionsschluss der nächsten Ausgabe ist der 13. November 2023.

BOLTENHAGEN

Redewischer Herbstfest

Händler aus der Umgebung stellen sich vor und verkaufen regionale Produkte, dazu Animation, Essen und Trinken. 14.10., 11 Uhr, Festwiese am Redewischer Dorfclub. www.boltenhagen.com

HAMBURG

Wasser Botschaften

Die Ausstellung erkundet ökologisches Wissen und Wassergeschichten, die in den Sammlungen des MARKK gespeichert sind, und setzt diese in Beziehung zu gegenwärtigen Wasserschutz- und Klimabewegungen des Globalen Südens. Die Werke zeitgenössischer Kunst beleuchten die kolonialen Ursprünge lokaler Wasserkrisen und stellen neue Anwendungen für uralte Techniken und Praktiken vor. Bis 31.10., Di–So 10–18, Do 10–21 Uhr, MARKK. www.markk-hamburg.de

Vom Wasser

Die Ausstellung mit Arbeiten von 58 Fotografinnen und Fotografen der Agentur Freelens zeigt die Bedeutung von Wasser als Lebens-, Natur- und Kulturraum: Kaltwassersurfer auf den Lofoten, Moore als Klimaschützer sowie zeitlose Meeresansichten, aber auch Seenotrettungseinsätze im zentralen Mittelmeer oder die Grenzgeschichte an der Ostsee. Bis 23.10., So–Mi 10–21, Do–Sa 10–24 Uhr, Jupiter Hamburg (ehemaliges Gebäude Karstadt Sport, 2. Obergeschoss, Mönckebergstraße 2–4). www.jupiter.hamburg

MÜNCHEN

Turner. Three Horizons

Diese mit 40 Aquarellen und Skizzen, darunter viele Seestücke, reiche Schau will besonders die Rolle Turners als Vorläufer der Abstraktion in den Blick nehmen. 28.10.2023–

10.3.2024, Di–So 10–18, Do 10–20 Uhr, Lenbachhaus. www.lenbachhaus.de

Venezia 500. Die sanfte Revolution der venezianischen Malerei
Die Schau widmet sich den bahnbrechenden Neuerungen der venezianischen Malerei der Renaissance, die bis in die europäische Moderne nachwirkten. Sie vereint 85 Meisterwerke und konzentriert sich auf Landschaften und Porträts der ersten Hälfte des 16. Jahrhunderts. Hier treten die Charakteristika und Errungenschaften der in Venedig florierenden Malkunst am deutlichsten hervor. 27.10.2023–4.2.2024, Di, Mi 10–20.30, Do–So 10–18 Uhr, Alte Pinakothek. www.pinakothek.de

POTSDAM

Impressionismus in Holland. Wolken und Licht
Als ureigenste Form der niederländischen Kunst nahm die Landschaftsmalerei in den Niederlanden des 16. Jahrhunderts ihren Anfang und erreichte im 17. Jahrhundert ihren Höhepunkt. Holländische Maler des 19. Jahrhunderts knüpften daran an und erhoben den Realismus zum Maßstab ihrer Landschaftsgemälde, ließen sich aber auch von neuen Impulsen französischer Freilichtmaler inspirieren. Bis 22.10.2023, Mi–Mo 10–19 Uhr, Museum Barberini. www.museum-barberini.de

WINTERTHUR (CHE)

Caspar David Friedrich und die Vorboten der Romantik
Im kommenden Jahr feiert die Kunstwelt den 250. Geburtstag des wirkmächtigsten Bilderfinders der deutschen Romantik. Den Ausstellungsreigen eröffnet u. a. diese Schau, die auch einige seiner großen Meereslandschaften zeigt. Bis 19.11., Di–So 10–17, Do 10–20 Uhr, Kunst Museum, Reinhart am Stadtgarten. www.kmw.ch

FRANKFURT AM MAIN

Lyonel Feininger. Retrospektive

Der deutsch-amerikanische Künstler Lyonel Feininger (1871–1956) ist ein Klassiker der Moderne. Die Schirn widmet dem bedeutenden Maler und Grafiker die erste große Retrospektive in

Deutschland seit mehr als 25 Jahren und zeichnet ein umfassendes, überraschendes Gesamtbild seines Schaffens, darunter auch selten gezeigte Hauptwerke. Bekannt ist Feininger für seine Gemälde von Bauwerken, kristalline Architekturen in beeindruckender Monumentalität und Harmonie der Farben, aber auch für seine (Segel-) Schiffsbilder (oben: „Schären-Kreuzer“, 1930). Jedoch übersieht die heutige Rezeption oft die Originalität und den Facettenreichtum seines Werks, das viele Tendenzen der Moderne widerspiegelt. Scheinbar gegenläufige Interessen sind Teil seiner Handschrift und ziehen sich mit Kontinuität durch sein Œuvre. Die gezeigten Werke repräsentieren exemplarisch zahlreiche Strömungen in der Kunst des 20. Jahrhunderts; trotzdem sind sie äußerst individuell, ein Werk voller Überraschungen, tiefgründiger Melancholie und spielerischer Leichtigkeit.
27. Oktober 2023 bis 18. Februar 2024, Di, Fr, So 10–19, Mi, Do 10–22 Uhr, Schirn Kunsthalle. www.schirn.de

mareTV

Jeden ersten und dritten Donnerstag im Monat im NDR Fernsehen

HELSINKIS SCHÄRENKÜSTE
19. Oktober, 20.15 Uhr, NDR Fernsehen

SLOWENISCHE RIVIERA
KLEINE KÜSTE GANZ GROSS
2. November, 20.15 Uhr, NDR Fernsehen
Sie ist eine der kürzesten Küsten Europas, die Slowenische Riviera: gerade 46,6 Kilometer lang. Auf den Zugang zum Meer sind die Slowenen stolz. Kein Wunder, dass sie jeden Meter zum Baden nutzen. Wer keinen Sand unter seinen Füßen mag, ist genau richtig an der felsigen Küste – oder an den Betonstränden, ein Erbe aus sozialistischer Zeit, als Slowenien Teil Jugoslawiens war. 500 Jahre gehörte die Küste zur Republik Venedig. Man sieht es noch heute, etwa im pittoresken Fischerort Piran: Die Ruderinnen des Clubs Voga Veneta Pirano rudern hier im venezianischen Stil: im Stehen. mareTV ist auch dabei, wenn die Novizen der Seefahrtschule von Piran traditionell im Hafenbecken getauft werden, und besucht das legendäre „Palace Hotel“, ein charmantes Hotel mit Belle-Époque-Flair in Portorož. Selbst die Macarons der hauseigenen Patisserie werden hier mit Meersalz veredelt.

COSTA DEL SOL
16. November, 20.15 Uhr, NDR Fernsehen

GeoForschungsZentrum, Potsdam

Erdbebenanalyse für Bosporus-Region

Die 16-Millionen-Metropole Istanbul ist durch Erdbeben stark gefährdet. Unmittelbar auf der Höhe der Großstadt am Bosporus verhaken sich die Anatolische und Eurasische Platte. Aus historischen Aufzeichnungen ist bekannt, dass sich diese Spannungen im Schnitt alle 250 Jahre in einem besonders starken Beben entladen. Mittlerweile ist das nächste längst überfällig. Zusammen mit türkischen Kollegen hat ein Team des GeoForschungsZentrums (GFZ) in Potsdam die Plattengrenze jetzt genauer denn je untersucht. Wie die Fachleute im Fachmagazin „Geophysical Research Letters" schreiben, werteten sie dafür erstmals die Daten zweier türkischer Erdbebenmessstationen mit neuen Computerprogrammen aus. Sie stellten fest, dass besonders im Westen regelmäßig an denselben Stellen der Plattengrenze kleinere Beben auftreten, sogenannte Repeater. Hier gibt es spröde Gesteine, die relativ schnell brechen, wenn sich die Platten verhaken. Daher bewegen sich die Platten hier langsam aneinander vorbei. Ausgerechnet bei Istanbul aber sind die Platten komplett verhakt, Repeater gibt es dort nicht. „Da Beben oft im Übergangsbereich zwischen den Repeatern und den verhakten Abschnitten beginnen, ist die umfassende Analyse der Plattengrenze so wichtig", sagt der GFZ-Geophysiker Marco Bohnhoff. Er hofft nun, das nächste große Erdbeben besser vorhersagen zu können. *ts*

Institut für Chemie und Biologie des Meeres, Oldenburg

Meere geben Mikroplastik an die Luft ab

Meere sind keineswegs immer die Endstation des Mikroplastiks. Vielmehr gelangen durch Wind, Wellen und Gischt Mikroplastikpartikel aus den Ozeanen zurück in die Luft. Das ist das Ergebnis einer Schiffsexpedition von Dänemark bis kurz vor Spitzbergen. Das deutsch-norwegische Forscherteam hatte während der Fahrt mit Spezialgeräten Luft angesaugt und gefiltert. Wie Analysen zeigten, enthielt das Filtrat Partikel weit verbreiteter Plastiksorten wie etwa Polypropylen (PP) oder Polyethylenterephthalat (PET), aus denen Getränkeflaschen und Mikrofasertextilien hergestellt werden. Um herauszufinden, woher die Plastikteilchen stammten, wertete das Team auch meteorologische Daten aus. „Wir konnten bis zu 30 Tage zurückrechnen, woher die Luftmassen kamen, die das Schiff während der Probennahmen durchkreuzt hat", sagt Isabel Goßmann, Doktorandin am Institut für Chemie und Biologie des Meeres der Universität Oldenburg und Erstautorin der Studie, die jetzt im Fachmagazin „Nature Communications" veröffentlicht wurde. „Für Luftmassen, die nur über das Meer gezogen sind, können wir annehmen, dass das Mikroplastik aus dem Wasser stammt." Diese Erkenntnis sei wichtig, um künftig besser bilanzieren zu können, wie viel Plastik die Meere aufnehmen und wo sich der Mikroplastikabfall am Ende sammelt. *ts*

Königlich Niederländisches Institut für Meeresforschung (NIOZ), Texel

Klimawandel erschwert Vogelbrut in Grönland

Der Klimawandel führt nicht nur in Mitteleuropa zu Wetterkapriolen, sondern bringt auch das Wetter in der Arktis durcheinander. Besonders auffällig ist dabei das Frühjahrswetter in Grönland in den vergangenen 25 Jahren. Mitunter folgt einem kalten, schneereichen Frühling ein extrem warmer und trockener. Wie Wissenschaftler des NIOZ herausgefunden haben, wird das für Sanderlinge zum Problem, eine Vogelart, die auch an der Nordsee überwintert. Wie eh und je treffen die Vögel zur selben Zeit im Brutgebiet ein. Normalerweise ist die Brutzeit perfekt auf die Vermehrung der arktischen Insekten abgestimmt: Schlüpfen die Küken, sind bereits viele Insekten da und somit ausreichend Nahrung. Inzwischen aber liegen der Schlupf der Küken und das Schwärmen der Insekten Tage auseinander. Welche Auswirkungen das auf die Population der Vögel hat, ist noch unklar. In jedem Fall können die Sanderlinge in ihren Überwinterungsgebieten in den Niederlanden oder Afrika nur noch schwer vorhersehen, was der Frühling in Grönland bringt, sagt Doktorand Tom Versluijs, der die neue Studie zusammen mit Kollegen im Fachjournal „Current Biology" veröffentlicht hat. *ts*

University of Central Florida, Orlando

Bakterien für gesunde Zuchtgarnelen

Betreiber von Aquakulturen achten sehr genau darauf, Krankheitserreger in Schach zu halten. Üblicherweise kommen dafür Medikamente oder Bakterizide gegen Bakterien zum Einsatz. Mikrobiologen der University of Central Florida in Orlando verfolgen eine andere Strategie. Sie züchten Bakteriengemeinschaften, die die Erreger auf natürliche Weise bekämpfen – etwa das Bakterium *Vibrio parahaemolyticus*, das unter anderem Garnelen befällt. So wie probiotische Bakterienkulturen die Verdauung verbessern, sollen künstlich geschaffene Bakteriengemeinschaften, sogenannte Mikrobiome, die Gesundheit in den Aquakulturen fördern. Derzeit testet das Team um den Biologen Salvador Almagro-Moreno die Mikrobiome am zwei Millimeter großen Salinenkrebs *Artemia salina*, der auch als Fischfutter verwendet wird. Zunächst sollen die Mikrobiome in Aquakulturen in Ecuador eingesetzt werden – das Land ist einer der größten Zuchtgarnelenexporteure. Almagro-Moreno: „Unser ultimatives Ziel ist es, diese Techniken auf die eigene Aquakulturproduktion in den USA zu übertragen, zum Beispiel auf Austernfarmen." *ts*

Welches Heft fehlt Ihnen noch?

Alle unten gezeigten mare-Ausgaben sind in unserem Shop erhältlich. Bestellen Sie einfach und schnell unter www.mare.de oder kontaktieren Sie uns per Telefon +49/(0)8105/388-103 oder per Fax +49/(0)8105/388-210.

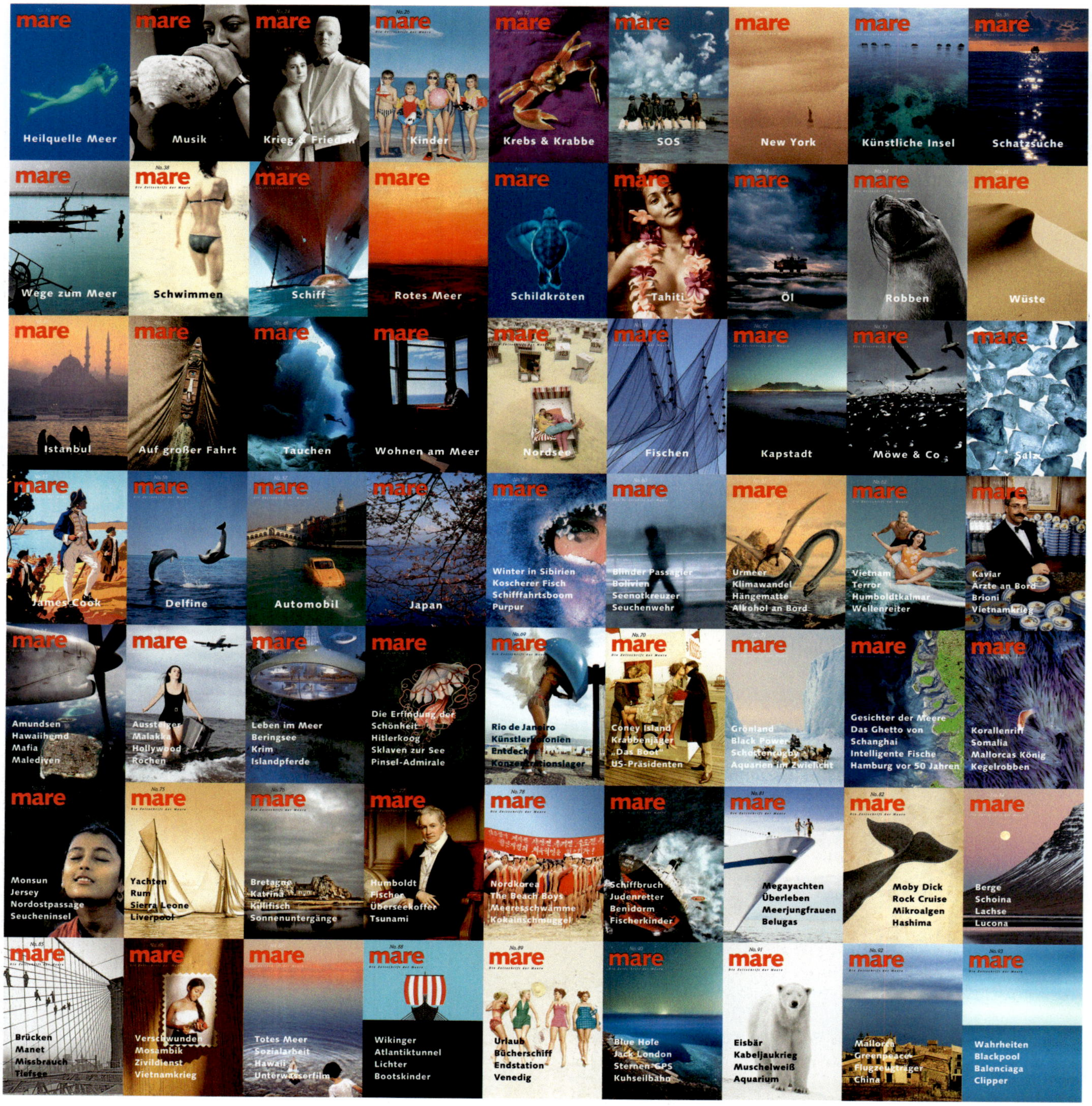

In unserem mareshop unter www.mare.de finden Sie nicht nur sämtliche mare-**Hefte**, -**Bücher**, -**Kalender** und -**Bildbände**, sondern auch passende **Schuber**, unsere beliebten **Badetücher** und viele weitere Produkte. Und wenn Sie vergriffene Hefte suchen oder Platz in Ihrem mare-Regal schaffen wollen, dann schalten Sie doch eine Gratisanzeige in unserem Hafenbasar oder handeln dort mit Ihren gebrauchten Heften.

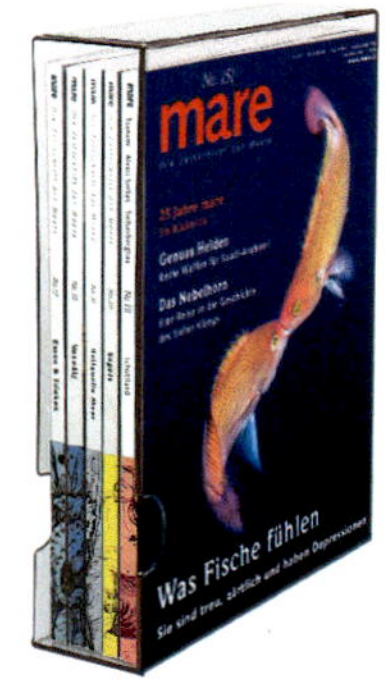

Zum Beispiel:
mare-**Sammelbox** 30 €

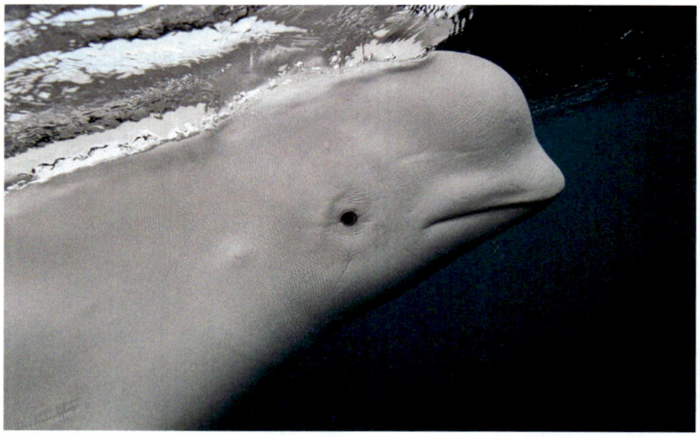

Verdacht: Belugawal Hvaldimir trug einen Gurt mit Kamerahalterung

Politik

Spionage-Wal zieht weiter

Der unter Spionageverdacht stehende Belugawal Hvaldimir hat sich überraschend auf den Weg nach Schweden gemacht. Etwa vier Jahre lang lebte er vor der norwegischen Küste, wo er 2019 mit einem mysteriösen Geschirr am Körper entdeckt worden war. Nun wurde er vor Lysekil nördlich der schwedischen Stadt Göteborg gesichtet, wie die norwegische Fischereibehörde mitteilte; zuvor war er im Oslofjord lokalisiert worden. Mehrere hundert Kilometer habe er auf seinem Weg zurückgelegt. Vermutungen, Hvaldimir könne von der russischen Marine trainiert worden sein, gibt es schon, seit der Wal erstmals in der norwegischen Arktis gesichtet wurde. Angetroffen wurde er damals mit Gurt samt Kamerahalterung, auf dem die Aufschrift „Equipment St. Petersburg" zu lesen war. Dass er Menschen gewohnt zu sein schien und südlicher als seine Artgenossen in einem strategisch wichtigen Gebiet unterwegs war, nährte die Spionagespekulationen. Es gelang, ihn von der Ausrüstung zu befreien. In den vergangenen Jahren bewegte sich Hvaldimir – aus Norwegisch für Wal („hval") und dem russischen Vornamen Wladimir gebildet – stets nur langsam von der norwegischen Küste weg. Warum er sich nun plötzlich auf die weite Reise machte, ist unklar. Die Organisation OneWhale vermutet Hormone oder Einsamkeit als Antrieb. „Er ist nur ein kleiner Wal, der hofft, andere Weißwale zu finden, mit denen er herumtollen kann", so OneWhale-Biologe Sebastian Strand. Vor der norwegischen und schwedischen Küste gebe es jedoch nur wenige Artgenossen. „Er will wahrscheinlich eine Familie haben, ist aber ein bisschen falsch geschwommen." *cb*

Wissenschaftsgeschichte

Humboldts Klima-Schriften

Meeresströmungen, Gletschergrenzen, Vegetationsgürtel – als noch kaum jemand das Klima als komplexes System erkannte, befasste sich Alexander von Humboldt bereits mit den verschiedensten Aspekten des Themas. Er untersuchte Bedingungen für den Weinbau, die Temperatur von Regentropfen und die Atmosphärenchemie im Bergbau. Seine Erkenntnisse veröffentlichte er in den Jahren 1795 bis 1847 nicht in einem Buch, sondern in zahlreichen Aufsätzen. Nun hat die Universität Bern die Klimaschriften des deutschen Forschers erstmals gesammelt und kommentiert herausgegeben. 20 Aufsätze auf 460 Seiten umfasst das Buch „Alexander von Humboldt: Schriften zum Klima", das im Wehrhahn Verlag erscheint. „Humboldt gilt als Pionier eines ökologischen Denkens und als Begründer der vergleichenden Klimatologie", sagt Thomas Nehrlich vom Berner Institut für Germanistik, der das Buch mit seinem Kollegen Michael Strobl herausgibt. „Dank seiner Reisen nach Asien und Amerika konnte er vergleichende Daten sammeln und so erstmals ein globales Modell des Klimas entwickeln." Humboldt verglich die Schneehöhen großer Gebirge und maß die Temperatur des Atlantiks, des Pazifiks und der Ostsee. „Er hat untersucht, wie sich die Temperatur in den Weltmeeren verteilt und was es dabei für Strömungen gibt", so Nehrlich. Besonders intensiv befasste sich der Forscher mit der Kaltströmung vor Peru, die heute „Humboldtstrom" heißt. Auch den menschengemachten Einfluss auf das Klima erkannte er auf lokaler Ebene bereits – etwa, wie sich Rodungen auf die Regenmenge einer Region auswirken. Als „gar nicht zu überschätzen" wertet Nehrlich die Bedeutung Humboldts für die Klimaforschung. Nach dem Prinzip „Alles ist Wechselwirkung" habe er immer interdisziplinär und global geforscht. „Und anders kann man Klima gar nicht verstehen." *cb*

Klimatologisches Diagramm: Humboldts „Tableau physique des Andes"

Keramikfunde aus dem Watt

Archäologie
Rungholts Reste entdeckt

Lange wurde gerätselt, wo genau die Überreste des sagenumwobenen Orts Rungholt liegen. Nun ist es Wissenschaftlern offenbar gelungen, den Standort seiner Kirche zu lokalisieren. Bei Kartierungsarbeiten im Watt südlich der Hallig Südfall seien ihnen auf geophysikalischen Bildern signifikante Strukturen aufgefallen, erzählt Hanna Hadler vom Geographischen Institut der Johannes-Gutenberg-Universität Mainz. Zu sehen war ein 40 mal 15 Meter großes Fundament, in dem die Forscher den Grundriss einer Kirche erkannten. „Uns war klar, dass das etwas sehr Außergewöhnliches sein muss“, sagt Hadler. An dem Gemeinschaftsprojekt beteiligt sind auch Wissenschaftler der Universität Kiel, des Archäologischen Landesamts Schleswig-Holstein und des Zentrums für Baltische und Skandinavische Archäologie. Mit der Entdeckung ist ihrer Ansicht nach eine mehr als 100 Jahre alte Forschungsfrage geklärt. Im Jahr 1362 soll Rungholt der verheerenden Sturmflut „Grote Mandränke“ zum Opfer gefallen sein. Lange Zeit ein Mythos, wurden seit Anfang des 20. Jahrhunderts immer wieder Keramiken und andere Artefakte aus dem Watt geborgen und dem versunkenen Ort zugeordnet. Unklar war aber bisher, wo genau er sich befunden hatte. Der Fund sei nun unerwartet, die Freude umso größer gewesen, erzählt Hadler. „Es gab Kollegen, die haben gehüpft und getanzt im Watt. Wir sagen zwar immer: Solange wir kein Ortsschild haben, können wir nicht definitiv belegen, dass das Rungholt ist. Aus der einzig überlieferten historischen Quelle wissen wir aber, dass es dort eine Gerichtsbarkeit und eine Kirche gab – und mit Blick auf die Größe des Fundaments haben wir hier definitiv eine Kirche von übergeordneter Bedeutung.“ Zudem wurden mehr als 50 Warften gefunden – künstlich angelegte Erdhügel, die den Gebäuden Schutz vor Hochwasser bieten sollten. Auch der Deich sei überdimensional groß; es gebe Überreste von Sieltoren, die an der deutschen Nordseeküste im Mittelalter einzigartig waren. Die Funde befinden sich auf einer etwa zehn Quadratkilometer großen Fläche. „Wir haben also eine ganze Reihe von Indizien, die uns zeigen, dass es sich hier um eine große und wohlhabende Siedlung handelte“, sagt Hadler. Weitere Forschungen stehen nun an – auch, um die äußeren Maße der Siedlung und die Anbindung an heute noch erhaltene Gebiete wie Pellworm oder Nordstrand zu rekonstruieren. *cb*

Vor 40 Jahren

Start der größten Windkraftanlage der Welt

Growian – ein Kunstwort aus dem Begriff „Großwindanlage“ – ist ein Monstrum. Es ist 100 Meter hoch, hat einen Rotor mit über 100 Meter Durchmesser, ein 340 Tonnen schweres Maschinenhaus und eine Nennleistung von drei Megawatt. Aufgestellt ist es an der Nordseeküste im Kaiser-Wilhelm-Koog. Wind weht hier praktisch immer. Finanziert hat den Probebetrieb der damals weltgrößten Windkraftanlage das Bundesforschungsministerium. Kosten: 90 Millionen Mark. Der Betrieb startet am 4. Oktober 1983. Zuvor war die bundesrepublikanische Gesellschaft durch die Ölkrise tief erschüttert worden. Die Menschen befürchten einen anhaltenden Energiemangel und stehen der Windenergie positiv gegenüber. Doch die Politik ist nicht überzeugt. Bundesfinanzminister Hans Matthöfer bekennt: „Wir machen es, um den Befürwortern der Windenergie zu beweisen, dass es nicht geht.“ Viel Druck muss auch auf die drei norddeutschen Energieunternehmen ausgeübt werden, dass sie sich am Betrieb beteiligen. Sie sehen die Zukunft vielmehr in der Atomkraft. Der Verlauf des Probebetriebs scheint ihnen recht zu geben. Immer wieder muss die Anlage abgeschaltet werden. Mal finden sich Risse in der Nabe, dann wieder müssen die viel zu schweren Flügel überholt werden. Noch dazu laufen ständig die Rotorbremsen heiß. So wird schon zwei Jahre nach Inbetriebnahme der Anlage deren Ende beschlossen. Nach dem Reaktorunfall von Tschernobyl wird Growian doch noch einmal notdürftig instand gesetzt. 1987 aber ist endgültig Schluss. Die Bilanz: Growian lief seit ihrem Start rechnerisch nur 17 Tage wie gewünscht. Dennoch hat man einiges daraus gelernt, setzt in der Forschung nun auf deutlich kleinere Anlagen. Und so eröffnet noch im selben Jahr auf dem gleichen Gelände Deutschlands erster Windpark. Er besteht aus 30 hintereinander gestaffelten „Klewian“, Kleinwindanlagen. *fk*

Illustration: Ueli Etter

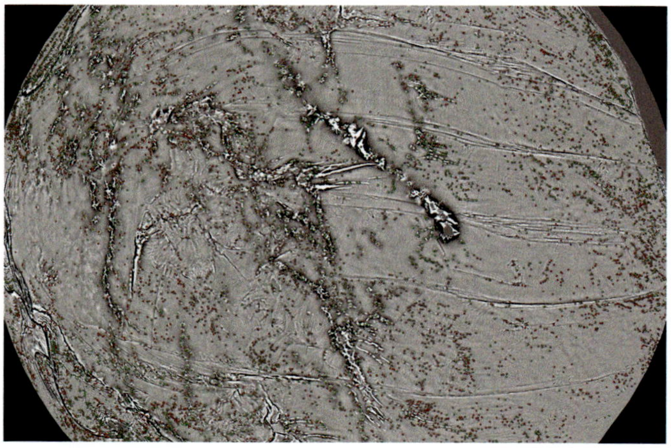

Die weißen Punkte zeigen Tiefseeberge im Pazifik nahe Hawaii

Geologie

Meeresvulkane aufgespürt

Mit neuen, hochauflösenden Daten von Erdbeobachtungssatelliten haben Meeresgeologen 19 325 neue Unterwasservulkane aufgespürt. Damit hat sich die Anzahl der bekannten Vulkane im Meer fast verdoppelt. Bisher waren es 24 643. „Die neu entdeckten Tiefseeberge haben eine Höhe zwischen 421 Metern und 2500 Metern und sind allesamt vulkanischen Ursprungs", erklärt Julie Gevorgian, Geowissenschaftlerin an der kalifornischen Scripps Institution of Oceanography. „An den Grenzen zwischen ozeanischen Krustenplatten steigt permanent Magma auf und bildet sehr viele meist recht kleine Vulkane." Für ihre Suche nutzte Gevorgian den Gravitationseffekt der Unterwasserberge. Deren Masse zieht das umgebende Wasser an, sodass an der Oberfläche des Meers ein kleiner Buckel entsteht. Satelliten messen solche leichten Erhebungen mittels Radar. Allerdings zeichnen sie sich nur schwach ab und werden vom „Rauschen" zufälliger Schwankungen überdeckt. Mit den neuen Satellitendaten gelang es Gevorgian, dieses Rauschen so stark zu reduzieren, dass sich nun auch kleinere Berge ab etwa einem Kilometer Höhe abzeichneten. „Aus geologischer Perspektive sind Unterwasserberge besonders wichtig, weil sie Fenster zur Zusammensetzung und Temperatur des Erdmantels sind", schreibt das Team im Fachblatt „Earth and Space Science". Zudem beeinflussen die Berge Meeresströmungen, Klima und die Evolution von Meerestieren. Auch rammen immer wieder U-Boote unbekannte Berge. Bisher seien erst gut 20 Prozent des Meeresbodens kartiert, schreiben die Forscher (Seite 108). *jsc*

Tourismus

Ärger um längste Kreuzfahrt

Chaos um die längste Kreuzfahrt der Welt: Seit März können Interessierte ihren Platz bei „Life at Sea Cruises" buchen, um auf eine dreijährige Weltreise zu gehen. Anfang November sollte die MV „Gemini" starten, das Interesse war laut der ausführenden Reederei Miray Cruises groß. Das Programm: 148 Länder, 382 Häfen, sieben Kontinente – zu Preisen ab etwa 38 500 US-Dollar (rund 35 000 Euro) je Person und Jahr. Doch im Mai berichtete der US-TV-Sender CNN von Auseinandersetzungen zwischen der Reederei und dem „Life at Sea"-Team. Im Kern ging es um die Frage, ob die „Gemini" überhaupt flott und sicher genug ist für die lange Reise. Ein Ingenieur habe das Schiff als „nicht seetauglich" eingestuft, sagte eine ehemalige „Life at Sea"-Verkaufsmanagerin in einem TV-Interview; 22 Mitarbeiter hätten das Projekt im Streit verlassen. Die Reederei selbst bestritt die Vorwürfe, bemühte sich im Hintergrund aber offenbar bereits um ein neues Schiff. Seit Ende Juni steht fest, dass statt der „Gemini" nun die größere MV „Lara" auf Fahrt gehen soll – um, so Miray, „der beispiellosen Begeisterung von Abenteurern weltweit" gerecht zu werden. CNN zufolge dürfte es sich dabei um die 2003 in Dienst gestellte „Aidaaura" handeln, die derzeit für Aida Cruises unterwegs ist und die Flotte im September verlassen soll. Eine offizielle Bekanntgabe gibt es nicht, doch scheinen auch Grafiken auf der „Life at Sea Cruises"-Website das Schiff zu zeigen. Miray bestätigte zudem, dass die „Lara" im September zwei Wochen im Trockendock in Bremerhaven liegen soll. Die Reederei hat unterdessen Klage – unter anderem wegen Verleumdung – gegen die ehemaligen „Life at Sea"-Mitarbeiter eingereicht. *cb*

Grafik des Luxusliners „Lara"

Biologie

Vogelgrippe bei Seevögeln

Schon den zweiten Sommer in Folge hat die Vogelgrippe in Seevogelkolonien gewütet. Man habe ein „regelrechtes Massensterben" beobachten müssen, sagt Timm Harder, Leiter des Nationalen Referenzlabors für Aviäre Influenza am Friedrich-Loeffler-Institut auf der Ostseeinsel Riems. Waren im Sommer 2022 vor allem Seeschwalben und Basstölpel betroffen, traf es 2023 besonders Lachmöwen und die auf Helgoland brütenden Trottellummen. Beim diesjährigen Lummensprung auf der Insel, bei dem die Jungtiere sich erstmals vom Felsen ins Wasser

fallen lassen, seien kaum Küken zu sehen gewesen, sagt Harder. „Das kann schon für die eine oder andere Kolonie existenzgefährdend sein.“ So seien bei den Seeschwalben, wo man das Virus nun bereits seit mehr als einem Jahr beobachte, einige Kolonien nicht mehr wiederbelegt worden. In andere sei nur die Hälfte der Tiere zurückgekehrt. Vor 2022 war es – bedingt durch den Vogelzug – nur im Winter zu Ausbrüchen gekommen. Warum es dem Virus nun gelungen ist, sich ganzjährig einzunisten, ist unklar. Die Forscher beobachten die Entwicklung mit Sorge. Eine Impfung könne nur per Spritze verabreicht werden und sei daher für Seewildvögel nicht praktikabel, so Harder. „Immerhin scheint es sich aber anzudeuten, dass sich eine gewisse Populationsimmunität einstellen kann.“ Dafür spreche, dass in diesem Jahr andere Vogelarten betroffen sind als im vergangenen. *cb*

„Floating City“: Auf den Malediven entsteht eine Stadt im Meer

Architektur

Schwimmende Stadt

Nur wenige Bootsminuten von der maledivischen Hauptstadt Malé entfernt entsteht in einer Lagune derzeit eine schwimmende Stadt, die 30 000 Menschen Platz bieten soll. Geplant sind 13 000 Wohneinheiten, Geschäfte und Hotels auf miteinander verbundenen Plattformen aus Beton. 2022 begannen die Arbeiten, die auf fünf bis sechs Jahre angelegt sind. Anfang 2025 sollen die ersten Bewohner einziehen. Verantwortlich für die Planung der „Floating City“ ist das niederländische Unternehmen Dutch Docklands in Zusammenarbeit mit Architekt Koen Olthuis und seinem Büro Waterstudio. Olthuis ist Spezialist für schwimmende Architektur. Zum einen gehe es bei dem Projekt darum, den Bedarf an Wohnungen zu decken, sagt er, denn die Landfläche der Malediven sei rar und dicht besiedelt. „Und zum Zweiten: Wenn wir hier Häuser bauen, müssen wir das zukunftssicher tun.“ Voraussagen zufolge könnte der Inselstaat wegen des Meeresspiegelanstiegs bis zum Ende des Jahrhunderts fast vollständig überschwemmt sein. Die Plattformen werden über Teleskoppfähle mit dem Meeresboden verbunden, sodass sie sich mit dem Wasser mitbewegen können. Eine modulare Bauweise soll die Wohnungen bezahlbarer machen und die Bauzeit verkürzen. „Wir planen Wohnungen in hoher Dichte auf großen Plattformen von 30 mal 120 Metern. Außerdem gibt es nur vier oder fünf Arten von Gebäuden, so dass sie alle aus fast den gleichen Elementen gebaut werden können. Auch dass viele Wohnungen klein sind, macht sie erschwinglicher – und man kann nicht nur kaufen, sondern auch mieten.“ Erste Einheiten mit Musterhäusern wurden bereits an ihren Platz transportiert. Äußerlich sollen sie an die bunten Fischerhäuser der Region erinnern. Andernorts sind bereits ähnliche Projekte in Planung. So soll etwa in Südkorea mit „Oceanix Busan“ ebenfalls eine schwimmende Stadt entstehen. *cb*

Umwelt

Kunststoff aus Algen

„Natürliches Plastik aus dem Ozean“ – so lautet der Slogan des australischen Start-ups Uluu, das derzeit an der Entwicklung eines Plastikersatzes aus Seetang forscht. Mittels Fermentation wird aus den Algen das Biopolymer Polyhydroxyalkanoat gewonnen, kurz PHA. Dieses könne, so das Unternehmen, irgendwann „viele, wenn nicht alle Kunststoffe ersetzen – und bleibt dabei wiederverwendbar, recycelbar und vor allem biologisch abbaubar“. Die PHA werden zu Pellets verarbeitet, die dann in verschiedene Formen gepresst werden sollen. Bilder auf der Firmenwebsite zeigen erste Prototypen wie Knöpfe oder Folien. Auch andere Institutionen forschen derzeit an Biokunststoff aus Algen. So hat das britische Unternehmen Notpla essbare Verpackungen aus Seetang entwickelt. Und an der Hochschule Bremerhaven läuft seit Jahren das Projekt „Mak-Pak“ zu dem Thema. Die Vorteile liegen auf der Hand. Ramona Bosse, Lebensmitteltechnologin an der Hochschule Bremerhaven: „Algen können sehr schnell wachsen, sie speichern CO_2, und die aus ihnen gewonnenen Kunststoffe sind biologischen Ursprungs.“ *cb*

Illustration: Ueli Etter

Impressum

mare

VERLEGER UND CHEFREDAKTEUR
Nikolaus Gelpke (V.i.S.d.P.)

STELLVERTRETENDER CHEFREDAKTEUR TEXTCHEF
Karl Spurzem
spurzem@mare.de

ART DIRECTOR
Nadja Zobel
zobel@mare.de

PHOTO DIRECTORS
Petra Koßmann, Anastasia Hermann
kossmann@mare.de, hermann@mare.de

REDAKTION LEBEN/POLITIK
Dimitri Ladischensky
ladischensky@mare.de

REDAKTION WIRTSCHAFT/WISSENSCHAFT
Jan Keith
keith@mare.de

REDAKTION KULTUR
Zora del Buono, Martina Wimmer
delbuono@mare.de, wimmer@mare.de

REDAKTION ONLINE
Wiebke Böse
boese@mare.de

LEITUNG MARKETING/KOMMUNIKATION
Jan Lehmköster
lehmkoester@mare.de

VERTRIEBSLEITUNG
Karin Trommer
trommer@mare.de

BUCHHALTUNG
Nicole Steinhauser
steinhauser@mare.de

ORGANISATION
Eva Grünert
gruenert@mare.de

SATZ/LITHOGRAFIE
Andrea Best
best@mare.de

KORREKTORAT
Susanne Feyke

DRUCK
Druckhaus Kaufmann

VERTRIEB
D-Force-One GmbH
ISSN 1432-928X
ISBN 978-3-86648-449-8

ABONNEMENTVERTRIEB
QS Quality Service GmbH

ANSCHRIFTEN

Redaktion und Verlag
mareverlag GmbH & Co. oHG
Sandthorquaihof
Pickhuben 2, 20457 Hamburg
Telefon 040/36 98 59-0
Fax 040/36 98 59-99
mare@mare.de, www.mare.de

Redaktionsbüro Berlin
Hagelberger Straße 53/54
10965 Berlin
Art Direction: Telefon 030/612 86 156
Photo Direction: Telefon 030/617 027 34
Redaktion Kultur: Telefon 030/612 806 93
Fax 030/612 806 94

ABONNEMENTSERVICE

mare-Service
Postfach 11 10 11, 20410 Hamburg
service@abo.mare.de
Telefon +49/(0)40/3007-3536, Fax -853536
Jahresabonnement: 67,50 Euro
Studentenabonnement: 60,75 Euro

mare ist stets erhältlich im Bahnhofs- und Flughafenbuchhandel.

mare erscheint im mareverlag GmbH & Co. oHG, HRA 90234, PHG: Dreiviertel Verlag GmbH, HRB 63029, Nikolaus Gelpke

ANZEIGEN

ANZEIGENLEITUNG mare
Anke Wiegel
Speersort 1, 20095 Hamburg
Telefon 040/3280-345
anke.wiegel@zeit.de

LIFESTYLE
Rudigier Consulting
Telefon 089/3742 6655
Mobil 0160/9094 9098
Steinbacherstraße 8, 81675 München
patricia@rudigier-consulting.com

INTERNATIONAL
iq media marketing gmbh
Gerda Gavric-Hollender
Telefon 0211/887-2343
Toulouser Allee 27, 40211 Düsseldorf
gerda.gavric-hollender@iqm.de

BILD- UND TEXTNACHWEISE

Bildnachweise
(l.: links; r.: rechts; M.: Mitte; o.: oben; u.: unten)
Titel: © Magnus Lundgren/naturepl.com; S. 5: Mathias Bothor/Photoselection; S. 6 v.o.l.n.u.r.: © Yarin Trotta del Vecchio; Heike Ollertz/Resqship/Agentur Focus; Chris Hellier/Corbis via Getty Images; © Andrea Gjestvang/Panos Pictures; © Karl Mancini; Norbert Schwontkowski, „Sea", 2005, Courtesy Nachlass Norbert Schwontkowski/Contemporary Fine Arts, Berlin, Foto: Jochen Littkemann; https://de.m.wikipedia.org/wiki/Datei:Gottfried_Franz_-_Munchhausen_Underwater.jpg (Stand: September 2023); S. 8/9: mare/Illustration: RB+MKB-Deskkart, Hamburg; S. 11 (Hintergrund): Orlando Hoetzel; S. 12–27: © Yarin Trotta del Vecchio; S. 31: © The Estate of Howard Hodgkin. All rights reserved, DACS 2023. Courtesy Gagosian, VG Bild-Kunst, Bonn 2023; S. 32–39: Heike Ollertz/Resqship/Agentur Focus; S. 43 (Porträt): privat; S. 44: Chris Hellier/Corbis via Getty Images; S. 46: Library of Congress, Prints and Photographs Division, Washington, D. C. (Reproduction Number: LC-USZC4-730); S. 48–54: © Andrea Gjestvang/Panos Pictures; S. 57 (alle): Charlotte Schreiber; S. 58–71: © Karl Mancini; S. 73–77: © Maurice Weiss/Ostkreuz; S. 79: Mathias Bothor; S. 80 (Illustration): © Vectortatu/Dreamstime.com; S. 81 (Illustration): Orlando Hoetzel; S. 83: Courtesy Nachlass Norbert Schwontkowski/Contemporary Fine Arts, Berlin; S. 84–87: Courtesy Nachlass Norbert Schwontkowski/Contemporary Fine Arts, Berlin, Fotos: Jochen Littkemann; S. 88: © 2011. Tinka und Frank Dietz/Agentur Focus; S. 89: Courtesy Nachlass Norbert Schwontkowski/Contemporary Fine Arts, Berlin, Foto: Matthias Kolb; S. 90: Courtesy Nachlass Norbert Schwontkowski/Contemporary Fine Arts, Berlin; S. 91 und 92: Courtesy Nachlass Norbert Schwontkowski/Contemporary Fine Arts, Berlin, Fotos: Jochen Littkemann; S. 94: Online: https://de.m.wikipedia.org/wiki/Datei:Gottfried_Franz_-_Munchhausen_Underwater.jpg (Stand: September 2023); S. 95: duncan1890/DigitalVision Vectors/Getty Images; S. 96: Universal History Archive/Getty Images; S. 97–99 (alle): duncan1890/DigitalVision Vectors/Getty Images; S. 100 (Porträt): picture alliance/dpa/Patrick Seeger; S. 101: Prismatic Pictures/Bridgeman Images; S. 102 (Illustration): © Verlag Galiani Berlin bei Kiepenheuer & Witsch GmbH & Co KG; S. 104 (Illustrationen): © Splitter Verlag; S. 107 (Porträt): Mathias Bothor/Photoselection; S. 108: GEBCO, General Bathymetric Chart of the Oceans (Online: http://iho-wms.net/gebco/edition_1.html (Stand: September 2023); S. 109: Science Photo Library/Sheila Terry; S. 110: mauritius images/EU/BT/Alamy Stock Photos; S. 111: Lamont-Doherty Earth Observatory and the estate of Marie Tharp; S. 112 (Ausschnitt): Dorschel et al., (2022) „The International Bathymetric Chart of the Southern Ocean Version 2", Scientific data, https://doi.org/10.1038/s41597-022-01366-7; S. 113 (Hintergrund): Nicole Strasser; S. 114 (beide): M. Scott Brauer; S. 118: plainpicture/Design Pics/Keith Levit; S. 119 (Kasten): Privatsammlung, Courtesy Moeller Fine Art Projects, The Lyonel Feininger Project, New York/Berlin, © VG Bild-Kunst, Bonn 2023; S. 119 o.: © Martin Parr/Magnum Photos/Agentur Focus; S. 124–127 (Illustration unten): Ueli Etter; S. 124 o.: © Fred Buyle; S. 124 u.: © zvg; S. 125 l.: picture-alliance/dpa/Horst Pfeiffer; S. 125 (Kasten): picture-alliance/dpa/DB; S. 126 o.: © Julie Gevorgian; S. 126 u.: © Life at Sea Cruises; S. 127 (Illustration): Kriki/Christian Groß; S. 127: Developer: Dutch Docklands Maldives, Architecture and Urbanplanning: Waterstudio; S. 128: Heike Ollertz/Agentur Focus; S. 129: © John Miller. All rights reserved 2023/Bridgeman Images; S. 130: Jan Feindt; Heftrücken: Conny Bangert.

Textnachweise
S. 30 l.: „Immerwährendes Gebet", aus: Dorothea Rosa Herliany, „Hochzeit der Messer", aus dem Indonesischen übertragen von Brigitte Oleschinski und Ulrike Draesner, Edition Polyphon, Verlagshaus Berlin, Berlin, 2015; S. 30 r.: Yvonne Adhiambo Owuor, „Das Meer der Libellen", aus dem Englischen übertragen von Simone Jakob, DuMont Buchverlag, Köln, 2020.

Der Abonnementauflage von mare sind Beilagen der Deutschen Seemannsmission e.V., Plan International e.V. und DER FREITAG Mediengesellschaft mbH & Co. KG hinzugefügt. Wir bitten um freundliche Beachtung.

mare *No. 161*

ab 5. Dezember im Zeitschriften- und Buchhandel

Dezember 2023/Januar 2024

Horizont

Als magische Grenze zwischen Himmel und Meer regt der Horizont seit je die Fantasie der Menschen an. Die einen glaubten einst, dass dort die Erde endet. Andere träumten davon, durch einen Spalt im Horizont in eine andere Welt zu gelangen. Für Seefahrer dagegen war diese Linie vor allem praktisch: Dank ihr konnten sie den Höhenwinkel der Gestirne bestimmen und sich so auf hoher See orientieren.

Weitere Themen im Heft

Zu Besuch in Perm

Perm in Russland war berühmt für sein Salz – die Reste eines urzeitlichen Meers. Nun aber verharrt die Region im Stillstand.

Naumann auf Sylt

Es war eine besondere Expedition: Vor 200 Jahren reiste Johann Friedrich Naumann, der Urvater der Ornithologie, nach Sylt.

Leben auf der Meeresoberfläche

Eine hauchdünne Schicht voller Leben: Die Meeresoberfläche hat ihre ganz eigene Biodiversität, die wir kaum kennen.

Der in Lüneburg geborene, derzeit in Tel Aviv lebende Illustrator und Comiczeichner Jan Feindt interpretierte für mare den Song „The Longest Wave" über das schmerzliche Ende einer Surferliebe von den Red Hot Chili Peppers aus dem Jahr 2016. Die 1983 in Los Angeles gegründete Rockband fand mit dem Gitarristen John Frusciante – er beherrschte schon als 15-Jähriger alle Songs der Chili Peppers, ehe er der kreative Kopf der Band wurde – zu dem Crossover-Stil aus Funk, Rap, Rock und Punk, der sie in aller Welt berühmt machte. Mit Drogen- und Sexskandalen einerseits und mit ihrem sozialen und Umweltschutzengagement andererseits stehen sie für die ambivalente Weltanschauung der Popkultur der 1990er- und 2000er-Jahre.